弱关系的力量

The power of weak relationships

何宏非 ◎ 著

北京理工大学出版社
BEIJING INSTITUTE OF TECHNOLOGY PRESS

版权专有 侵权必究

图书在版编目（CIP）数据

弱关系的力量 / 何宏非著. —北京：北京理工大学出版社, 2020.7
ISBN 978-7-5682-8475-2

Ⅰ.①弱… Ⅱ.①何… Ⅲ.①人际关系学—通俗读物 Ⅳ.①C912.11-49

中国版本图书馆CIP数据核字（2020）第088667号

出版发行 / 北京理工大学出版社有限责任公司
社　　址 / 北京市海淀区中关村南大街5号
邮　　编 / 100081
电　　话 / （010）68914775（总编室）
　　　　　（010）82562903（教材售后服务热线）
　　　　　（010）68948351（其他图书服务热线）
网　　址 / http://www.bitpress.com.cn
经　　销 / 全国各地新华书店
印　　刷 / 三河市金元印装有限公司
开　　本 / 880毫米×1230毫米　1/32
印　　张 / 6.25　　　　　　　　　　　　　　责任编辑 / 李慧智
字　　数 / 128千字　　　　　　　　　　　　文案编辑 / 李慧智
版　　次 / 2020年7月第1版　2020年7月第1次印刷　责任校对 / 刘亚男
定　　价 / 35.00元　　　　　　　　　　　　责任印制 / 施胜娟

图书出现印装质量问题，请拨打售后服务热线，本社负责调换

序言 认识强关系和弱关系

利用熟人关系办事,向来是中国人际关系与社交模型中的一个基本特征,也是人们经常提到的有关人脉的定义。在生活中,很多人都会发现这样一种求人现象,那就是当人们准备接触一些自己没有把握做到或者做好的事情时,喜欢利用人情关系寻求外界的帮助,这种帮助一般来自家人、朋友、同事、同学,通常情况下,求助者会将关注点放在那些和自己比较亲近的人身上,双方之间有一定的社交基础和情感基础,拥有比较稳定的社会关系。

从某种意义上来说,这就是一种强关系,而中国是一个十分看重强关系的社会。那么什么是强关系呢?对于这一点,斯坦福大学教授马克·格兰诺维特最早提出了相关概念,他在研究人际关系网络效益的时候,对强关系做了一个比较精确的定义。在他看来，所谓的社会强关系主要和更近的人际距离、更稳定的社会关系有关，建立了强关系的人处于同一个生活圈和工作圈之内，诸如家人、朋友、同事、同学都属于强关系，这些人往往拥有共同的生活经历、学习经历或者工作经历，他们彼此熟悉，并且在很多方面拥有重合和相似的地方，例如相似的性格、相同的目标、相近的思维模式和行为模式。

强关系是社会生活中不可或缺的一部分，任何一个人都无法独立在社会强关系之外，只要他想要生存和发展，就需要借助强关系，而这种依赖更多时候带有一定的先天因素，人们在很多时候甚至无法决定自己所选择的强关系。

在日常生活或者工作中，人们无法逃离社会强关系的影响，从父母为孩子安排更好的工作，到同学之间的相互扶持和相互帮助，再到朋友之间的共同行动，这些都是强关系下的社会行为模式。孩子的成长和发展需要"拼爹"，进入企事业单位工作需要托朋友的关系，创业融资需要寻求同学的帮忙，人们在社会生活中常常需要依赖身边的人提供便利。

在中国，这种强关系的作用非常明显，任何一个人都期待着能够通过熟人关系来实现自己的某些诉求和目标，但是强关系并不意味着所有的事情都可以心想事成，错综复杂的熟人网络往往也会带来一些烦恼，很多人甚至害怕被熟人、被强关系绑架，因此很多时候,强关系容易成为一个累赘。

对于美国、欧洲等一些西方国家而言,尽管也会走人情道路,也会打熟人牌,但很多时候,人们更愿意求助陌生人,更愿意同自己不了解、不熟悉的人打交道。对他们来说,找一个情感联结不那么强的人交流,往往可以有效摆脱情感负担和纠缠不休的各种人情债。最典型的就是,很多创业者往往喜欢和一些不认识的人合作,喜欢同一些私人往来不密切的同行进行业务上的往来。

伊利诺伊大学的心理学家乔治·格雷恩曾经采访了超过500名硕士毕业生创业者,在询问人际关系中有关重要信息、信息接收渠道和信息反馈等方面的情况时,超过70%的受访者认为自己所接受到的帮助以及关键信息,主要来源于之前并不那么熟悉的客户和业务伙伴,而不是强关系群体内,在这种不那么亲密的社会关系中,这些人似乎获得了更多的帮助,也似乎表现得更加出色。

这一类不够亲密的社会关系其实就是一种弱关系,所谓的弱关系与强关系是相对的,弱关系指向的是圈子外的人,大家彼此之间并不认识,或者说没有什么太多且太深入的交流。

一般来说,朋友的朋友,同事的朋友,或者其他一些陌生人，都属于弱关系的范畴。弱关系具有一定的职业区分、社会阶层区分、社会群体性质区分、价值区分等特征，彼此之间存在一定的沟通障碍和现实问题。

在美国，弱关系所体现出来的作用要比强关系更为明显，比如马克·格兰诺维特经过调查，发现只有16.7%的人是通过熟人渠道找到心仪的工作的，而更多的人在找工作时，依靠的是那些素未谋面，或者只有一面之缘的陌生人。这种状态也许是世界性的，只不过很多国家和地区表现得不那么明显。

从社会学家的角度来分析，这就是群体限制的一种体现，简单来说就是"物以类聚，人以群分"。在某一个群体内，大家的水平可能差距不大，或者说大家所接触的信息都相差无几，由于从事的工作、生活的圈子和遇见的人都相差不大，很少有人会接触到一些群体外完全不同性质的信息。由于信息的同质特性比较明显，大家很难实现信息上的互补，很难给予一些生活圈或者工作圈之外的帮助。

还有一点也非常重要，那就是弱关系的拓展面更广一些，弱关系通常都比强关系更具影响力，这种影响力就在于人数优势。根据马克·格兰诺维特的研究，一个人的强关系非常有限，最多一般也不会超过150人，英国牛津大学的人类学家罗宾·邓巴早在20世纪90年代就提出了类似的观点，他经过多年的调查研究，发现人类智力所允许以及能够承受的稳定社交网络人数大约为148人。一旦超过了这个数字，那么人类将不会有太多的精力来维持社交关系的稳定和亲密。相比之下，弱关系则是无限延伸和无限衍生的，只要人们愿意，就可以找到成千上万的陌生人，可以在自己的社交名单上写上比强关系多出几十倍的名字。

在生活中，人们通常会陷入一个误区，认为正是强关系决定了自己的发展与成长，认为正是强关系决定了生活的质量，但事实上对于弱关系的开拓恰恰决定了人们生活的丰富性与工作中的成功。

正因为如此，本书重点分析了弱关系的能量和价值，通过对弱关系的一些连接方式、经营技巧以及运用原则进行剖析，为读者展示出一个相对完整的弱关系理论体系，再结合现实生活的案例，以期更加明确、更加立体地展示弱关系的概念，从而方便读者理解和学习。

何宏非

2019年9月20日

目 录

第一章 弱关系的底层逻辑

1. 你理解的人脉，可能都是错的 / 003
2. 人与人之间的四个维度 / 007
3. 搞懂社交的本质，可以让你走得更远 / 011
4. 弱关系如何制造人生惊喜 / 016
5. 不知不觉中，弱关系可能决定了你的财运 / 021
6. 互联网时代的弱关系真相 / 026

第二章 寻找各种弱关系的枢纽

1. 将强关系当成拓展弱关系的平台 / 033
2. 掌握六度分隔理论，打开人脉通道 / 038
3. 找到人际关系中的价值链 / 043
4. 神奇而实用的250法则 / 048
5. 尝试着将不同的圈子连在一起 / 053

第三章 打造高质量弱关系的心法

1. 保持热情,寻找建立连接的机会 / 059
2. 强大的责任心,是赢得尊重的前提 / 063
3. 有耐心,才能打造更加稳定的弱关系 / 067
4. 保持包容,接纳并理解他人的想法 / 072
5. 真诚至上,让彼此之间保持透明 / 076
6. 保持敏锐的嗅觉,积极挖掘优质人脉 / 081
7. 格局越高,你的弱关系层次才会越高 / 087

第四章 打造并经营你的个人品牌

1. 六大维度建立你的人设标签 / 093
2. 重新确定适合你的优势定位 / 098
3. 持续展示,积累个人品牌效应 / 102
4. 打造自己独特人格魅力的三个核心法则 / 106
5. 如何有效提升自己的能量场,强化影响力 / 110
6. 高效运用吸引力法则的三个技巧 / 116
7. 快速回应,在他人面前建立好的印象 / 121

第五章　正确理解和运用弱关系

1. 如何重组朋友圈，拓展核心人脉 / 129
2. 获取健康人际关系的底层规则 / 133
3. 挖掘存量人脉价值，提升增量人脉 / 138
4. 适当走出社交舒适区 / 142
5. 有时候，你的精神感受至关重要 / 146
6. 弱关系实际上是价值投资和能力投资 / 150
7. 运用网络思维来拓展弱关系 / 155

第六章　弱关系中容易被误解的那些点

1. 弱关系中的甜蜜度也会很高 / 161
2. 弱关系和强关系的相互转化 / 165
3. 弱关系并不是万能的 / 169
4. 弱关系是否真的只是一场交易？ / 173
5. 弱关系只是认识一些和自己不一样的人吗？ / 178

后记　你与陌生群体的相互作用有多大？ / 182

第一章

弱关系的底层逻辑

1.
你理解的人脉，可能都是错的

我有个朋友老张，是个电气工程师。他随公司从杭州转移到南京工作，家也搬到了南京。后来，女儿到了上幼儿园的年纪，他想要让女儿在南京接受最好的教育。而在南京市区，最好的几所幼儿园都拒绝了老张的申请，原因很简单，因为他是外地人，在本地还没有买房，而且缴纳的社保和纳税都不满三年，加上申请的时间比较晚，根本不符合学校收取的条件。老张请求很多同事和领导帮忙，也没法解决这个问题，因为在老张的生活圈中，大都是铁路设计的人，要么就是一些电脑软件方面的工程师，而且很多都是外地人，他们在这一方面也是爱莫能助，老张家里也没有亲戚在南京工作。

一次偶然的机会，老张跟朋友吃饭，不经意间谈起这件事，当时，在座的一位领导给了他一张名片。原来这个领导的一个大学同学是一家幼儿园的负责人，虽然这个负责人无法帮忙将老张的女儿安排到自己的学校，但是可以给市里另外一所条件不错的幼儿园园长写一封推荐信，让他帮忙安排一下。老张最后依靠领导的同学帮忙，解决了女儿上学的问题，但对整个流程进行分析，老张原先所认定的那些人脉根本没有起到重要作用，反倒是和自己关系不密切，在生活圈边缘以及生活圈以外的人帮到了自己。

老张的问题也许在每一个人身上都会发生，就像生活中经常出现的那样，当我们遇到某些棘手的问题时，经常会发现自己的朋友圈力量不够，或者说朋友圈里没有自己所需要的那一类人力资源。这是一种非常普遍的现象，因为没有人会认识各个地区、各个社会部门、各个社会阶层以及各行业的人，在很多时候，帮忙解决一些"疑难杂症"的反而是那些和自己看起来关系不大的人。无论是毕业以后的工作问题、孩子的上学问题，还是婚姻问题、事业发展问题，那些生活圈边缘和生活圈以外的弱关系，更能够提供实实在在的帮助。

谈到人脉关系，多数人的第一印象就是亲朋好友或者同学、同事，按照人们的理解，一个人的人脉关系一定是那些和自己建立比较密切联系的人，在这个人脉网络中，情感是一个重要的因素，而情感的建立往往来源于血缘关系（亲人）、共同的兴趣爱好和人生经历（朋友、同学、同事）。众所周知，每一个人都有一个生活圈，在这个生活圈中，与他人之间的关系就是人们所熟知的人脉。对于多数人来说，一个人的成长、发展和成功，往往离不开这个生活圈子里的人脉关系。

在生活中，我们的任何生活需求和工作需求可能都离不开这一类人脉资源，买车可以托付那些从事卖车的朋友帮忙，找工作可以寻求大学校友或者同学帮忙，投资做生意可以从朋友那儿获得更多的资金和资源。很多人在理解人脉关系的时候，往往会认定那些和自己走得亲近的人才能够帮到自己，认为自己的成长一定要依靠那些自己身边的人，但事实上情况可能和人们想象中的完全不一样。

香港"景泰蓝"大王陈玉书先生在创业初期，遭遇了很大的困难，一直没有办法打开香港市场，有一次，他在公园散心，无意中帮一个外国妇女照看孩子。对方事后非常感激，递给陈玉书一张名片。原来对方是某国的公使夫人，她的丈夫在国际上有一定的影响力，而且拥有广阔的人脉。有一次，陈玉书请求对方帮忙弄到运送货物的签发证，这样他的产品才可以进入香港市场，公使夫人很快就让丈夫帮忙解决了这个难题，而陈玉书也因此在香港市场上大放异彩。

阿里巴巴创始人马云在创业初期，一直都受困于资金缺乏的危机，他找到亲朋有好友帮忙，但是都被拒绝了，大家都觉得他不务正业，而且大家对于互联网并不了解，因此给予的帮助非常有限。无奈之下，马云开始寻求国际资金的帮助，在雅虎老总的推荐下，马云认识了日本软银公司的创始人孙正义，并获得了2 000万美元的融资，这才解决了资金问题。

如果继续举例，那么这份名人的名单还可以开得很长，不单单是这些成功人士，普通人在生活和工作中，也常常需要依赖弱关系来帮忙。比如大学生毕业之后，都会面临就业问题，和人们所强调的校友圈、家族圈不同的是，多数大学生在毕业之后找的工作都是依赖弱关系的力量。很多创业者在开始自己的事业时，也是依靠亲朋好友、同学同事之外的人脉弱关系。

从现实需求和解决的方式来看，多数人认知的那种人脉关系是一种关系比较亲密的人际关系，它们并没有在生活和工作中起到最关键的作用，个人的发展往往都是依靠亲密关系之外的人脉资源。我们经常犯的错误就是过分专注于经营自己的生活圈和朋友圈，将全部的希望寄托在这种亲密人际关系的维护上，却忽略了生活圈外的那些优质人脉，从某种意义上来说，它们才真正决定了我们成长的速度和高度。我们一旦狭隘地将自己封闭在某一个特定的生活圈内，就会失去更多成长的空间。

一个令人惊讶的事实是，你身边的保安大叔，你每天在地铁上遇见的那些清洁工，他们的口中也许藏着你真正需要的信息，而你总是选择视而不见。

2.
人与人之间的四个维度

北京有一位老太太,生了三个女儿,可是当女儿们出嫁之后,既没有回来看看老太太,也没有任何电话交流,逢年过节也不见谁寄来一些礼物,她们就像从老太太的生活中消失了一样,音讯全无。从血缘关系上来说,身为家庭成员的女儿应该能够与老太太建立强关系,但实际上由于不存在互动、不存在沟通,也不存在情感上的交流,双方之间的强关系彻底消失,这种联结关系似乎还比一般的弱关系更弱。

这个时候,如果同一个小区的王大妈觉得老太太可怜,每天都来帮老太太打扫卫生,帮忙买菜,有空就陪着老人逛一逛公园,在一起聊天听戏。久而久之,老太太非常依赖王大妈,并且觉得对方是一个值得信赖的好人。在这个时候,原本没有什么交集的王大妈就成为老太太强关系中的一位成员。

从子女扮演的角色不断弱化和退场,到陌生人一步步走进生活圈中,这种对比实际上在一定程度上颠覆了人们对于强弱关系的理解和认知。那么,为什么会出现这种情况的转变呢?强弱关系究竟应该如何进行界定呢?针对这种情况,马克·格兰诺维特认为,人与人之间的社交关系应该设定一些维度,这样才能真正将社会强关系和弱关系区别开来,所以他搬出了四个维度进行分析,分别是互动时间、情感强度、亲密程度、互惠行动。

按照马克·格兰诺维特的说法,强关系需要满足的条件就是互动时间多,情感强度要足够强,亲密程度比较高,彼此之间存在互惠行为。反过来说,弱关系的具体表现为互动次数很少、感情维系比较弱、亲密度不高、缺乏互惠行动。一旦其中一个或者多个维度的条件无法满足,强关系和弱关系就会相互转化。

对每一个人来说,自己身上所对应的这四个维度中的内容可能会退化,因为工作关系,沟通和互动的时间可能会减少;因为生活上的分离,情感强度和亲密度会下降;因为角色和地位的变化,互惠行动会慢慢减少,而类似的变动就会导致社会关系发生倾斜,这种倾斜往往并不是一朝一夕之间完成的。

此外,从这些维度的划分来看,它们更像是一面镜子,即当人们在感叹自己与他人的关系越来越疏远的时候,是否人真正想过这样一个问题,自己是否在与他人接触的过程中满足了这四个维度。一个典型的例子就是,很多人在大学毕业之后的几年时间里,会突然发现大学同学和自己疏远了,发现原先那些好兄弟、好同学在自己的生活中慢慢边缘化了。之所以会这样，并不是因为双方之前存在什么矛盾，或者双方之间的感情不够深厚，而在于随着工作和生活压力的增加，人与人之间交流的时间少了，互动也减少了，彼此之间再也不会一起打游戏，不会聊天到天亮，不会进行交心，不会肆无忌惮地相互开玩笑。一些更加现实的问题摧毁了人们原有的情感纽带，而当双方之间的接触和沟通被生活抹杀之后，强关系的基础也就不复存在了。

在这里，马克·格兰诺维特从四个维度中推出了三个常见的关系连接，即强关系连接、弱关系连接，以及休眠关系。在强关系连接中，四个维度所代表的社交因子都很活跃，人与人之间会将互动交流与情感联系当成优先任务，或者说当成生活中的一部分，就像两个非常要好的朋友一样，在一起总有聊不完的话题，经常处于一种相互关怀、相互帮助的状态。

而在弱关系中，人们处于一种互不认识、互不理解、互不干涉的状态，相关的社交因子并没有活跃的迹象，也没有推动它们变得活跃的条件和契机。就像人们在大街上遇到的各种形形色色的路人一样，没人关心你在做什么，你也从没期待着要和他们发生点什么故事。在休眠关系中，人与人之间有一定的交流，但彼此之间缺乏的只是一个更好的契机，只要这个契机到来，人与人之间的关系就会更进一步，逐步从弱关系发展成为强关系。或者人与人之间的强关系不断淡化，开始形成一种半熟悉半陌生的状态，如果不注重激活那些社交因子，强关系就可能在休眠中彻底变成弱关系。

那么，该如何处理好这三种关系？最重要的就是对照自己的行为，看看自己是否激活了四个维度内的社交因子。

3.
搞懂社交的本质,可以让你走得更远

曾经在日本发生过这么一件事,有个年轻人在家里蜗居了20年,陪伴自己的是电脑和一大堆杂志,每天吃的都是一些速食食物。他的生活非常规律,每天睡五个小时,每个礼拜洗一次澡,每周给父母通一次电话,除了倒垃圾基本上不出门。没有女朋友,没有朋友,没有任何社会活动,唯一的乐趣就是游戏和阅读杂志。他的父母一气之下断绝了他的经济供给,但是他依然窝在房间里不肯出门。

听起来有些不可思议,但这样的事情正在我们身边发生。最近十年时间,日本出现了越来越多的宅男,他们成为日本老龄化问题背景下的一个社会问题,谁都无法预料到这些足不出户、成天活在手机和电脑里的青少年,甚至是中年人究竟会给人社会带来怎样的影响。在中国以及一些西方国家,宅男宅女越来越多,这些人对于社交产生了混淆和误解。在过去人们经常会劝告年轻人多出去走走看看,多与他人接触,这样才不会和社会脱节,才会吸收更多的知识和见识。但在信息技术高速发展的今天,人们已经不需要走出去了，互联网带来了一切，打开电脑和手机，人们可以知道各个国家发生的事情。如果社交当成信息传递的行为模式，那么在信息时代，也许每个人都可以更加安心地当宅男了。

在过去很长一段时间内，人们对于社交的理解比较肤浅，认为社交的本质就是一种信息传递。直到现在，有很多人都将社交当成信息接收或者传递的一种工具，但他们往往忽略了一点，那就是人首先是一种情感动物，人们会依赖情感做出判断，会从自身思想的角度来做出选择，而且，人们在社交中往往可以获得一些情感和物质需求上的满足。从这些角度来看，社交的本质应该是一种信息沟通基础上的情感联结、思想碰撞和物质连接，它本身就带有一种相互需要、相互满足的动机，而不仅仅是为了传递信息。

社会是人的集合，而不仅仅是信息的集合，信息沟通只是其中的一部分内容，更重要的是，人们要懂得和身边的人产生各种情感、思想上的碰撞，以及生活和工作上的往来。这也是为什么，人们经常会发现，社交活动的进行往往需要一种生活需求作为内在的推动机制，比如当人们拥有生理需求、交流需求、情感需求、工作需求时，就会相应地与周围的人产生更深的联系。而当这种需求被削弱或者根本不存在时，人际关系就容易陷入冷却以及休眠的状态。

"我们是很要好的朋友,从小就认识了,现在也经常一起吃饭聊天,我们还是生意上的伙伴。"

——这里强调的就是强关系的一些先决条件:互动需求(一起玩耍、一起吃饭、彼此交心)、情感需求(共同生活经历下的信任和依赖)、互惠行动(生意上的合作),类似的社交需求仍在发生作用。

"我不认识丁先生,我也没有必要去认识丁先生。"

——这里所指的就是人们不需要类似社交需求,或者说,说话者完全可以从其他更亲密的人那儿,获得类似的社交需求满足。

"我们以前很熟的,现在不怎么联系了,我都不知道自己还有没有他的电话号码。"

——这里强调的就是"曾经很好",但现在"已经不再需要或者不再被需要",彼此之间的互动失去了基础。

在很多时候,决定强关系和弱关系的就是四个与生活需求相关的维度,这些维度中的每一个都代表了某种需求,代表了社交的一种形态。当人们拥有一个固定的生活圈时，周围的亲人、朋友、同学、同事能够在生活和工作中给予更多的关怀，能够产生更多良性的互动时，这种关系会不断得到强化，形成一个相对稳定的强关系状态。当人们无法从这个生活圈和强关系体系中获得自己想要的东西时，就会想办法在生活圈的边缘进行试探，或者直接大胆地走出生活圈，这个时候人们的人脉就得到了拓展，个人的社交生活也就变得更加宽阔而丰富。

如果对个人的成长过程进行分析，其实就是一个走出最初的核心生活圈，然后慢慢发展弱关系的过程。孩子出生时，父母和亲人是强关系中的主体，当孩子长大一些的时候产生社交需求，这时他们需要走出家门认识更多的朋友。从小学到初中、高中、大学，再到进入社会。从乡村走向县城，再走向更远的大城市时，每一步跨越都伴随着强关系的拓展和弱关系的拓展。一旦他们意识到自己的生活圈在束缚自己的成长空间时，新的需求和弱关系就诞生了。"挣脱—适应—再挣脱—再适应"，这一模式正好体现了个人社交的进化历程。不过，由于性格原因，在到达一定程度之后，很多人可能会专注于经营自己的强关系，而有的人更希望不断发展弱关系。

当然，对于日本的宅男宅女群体来说，他们并没有恐惧社会或者社交活动，而是没有兴趣，有没有朋友无关紧要。更大的危机在于，随着个人需求和欲望的不断降低，这对于日本整个国家来说会产生很大的风险。目前，日本不谈恋爱、不结婚、不工作、不生孩子的年轻人越来越多，人口低增长甚至负增长会进一步摧毁这个国家。

显而易见，欲望、需求这些就是推动社交发生的重要元素，如果你打算强化自己的强关系，并积极发展自己的弱关系，那么就要正视并尊重自己的需求，这是帮助你走得更远的一个基本方法。

4.
弱关系如何制造人生惊喜

我曾经遇到一个性格怪异的北方大学生,他在整个大学期间几乎没有什么好朋友,大家都在孤立他,就连老师也觉得他有些神经分分。在工作的时候,很多大学社团和老师都会给一些毕业生提供工作上的帮助,推荐好的公司,或者直接在本地的一些重要单位上班,只有他没有获得任何帮助。

可是,在大学毕业后的十年聚会上,这个大学生却成为班级里混得最好的一个人。而这一切并不是因为他最聪明,不是因为他的家庭条件最好,而是因为他在得不到任何有效帮助的时候,选择了出国打工。他在飞机上认识了一位外国公司的老总,对方刚来中国考察市场,需要暂时找一个不错的翻译,刚好找上了他。

在接下这份短期工作之后,他一下子就拓宽了眼界,见识到了很多过去没有见过的东西,并且对老总的生意产生了好奇。几天的接触之后,老总萌生了一个想法,不如培养大学生成为这家公司的中国代理商，帮自己拓宽销售渠道来销售产品，之后按比例分成。就这样，这个大学生干脆做起了外贸生意，成为这家公司的第一个中国市场代理人，也是该公司的中国市场总代理。随着这家外国公司在中国市场不断站稳脚跟，大学生也获得了巨大的成功。

在所有有关大学生创业的案例中，这个并非是最典型的，也不是最成功的，但却是最有趣的，因为这个大学生的成功并没有明显体现出一些传统的特质：勤奋、创新、大胆、专注、聪明才智，而是依靠了弱关系。相对于传统的强关系机制下的运作方式，弱关系的作用很容易被人忽略，但结合人们生活和工作中的那些经历，弱关系或许真的是一个很强的惊喜点。

这种惊喜在于弱关系是超出生活圈之外的社会关系，弱关系带来的一些想法、观点、视野也是超出人们惯有的认知模式的。想象一下，我们每天接触的那些人，接触的那些强关系，大都有某一种倾向性，或者更直白地说是"人以群分"。我们每一个人的思维方式、所做的事情、所看到的东西，其实大都和身边人处于同一水平或者同一维度。在很多时候，别人的上限往往也决定了你人力资源的上限，一旦某件事超过了大家认知的界限，自己也就相应地失去了解决问题的能力。

而弱关系不同，它的特点是互不干涉、边缘性、关联性弱，这样一来,人们就可以更好地走出自己的界限,去了解和体验完全不同的东西。

我的一个侄子不知道该如何填报大学志愿,因为整个家族里最多的就是政府单位里的公务员,还有一些就是医生,所以大家说来说去就是法律和医学这两个专业,但他并不喜欢。在迷茫之际,我建议他去问一问那些和自己完全不相干的路人,几天之后他就下定决心报考金融专业。

在人们不知道该怎么办的时候,真正能够解决问题的往往不是强关系,而是弱关系。尽管很多人会惯性地认为弱关系的人是陌生人,根本不可靠,但他们确实提供了一些你无法想到、周围的亲人朋友也无法想到的机会。想要开阔眼界,想要拓展自己的视野,那么,发展弱关系无疑是更加明智的决定。在人的一生当中,存在很多的可能性,也存在各种各样的机会,但是在强关系中的那些重要人脉是极其有限的,你无法将1 000人或者10 000人都当成自己的好朋友,你不具备那样的时间和精力经营这一切。

弱关系的价值在于两点:一个是突破性,即人们有机会走出自己的生活圈和思维圈,去接纳更多有趣的东西,美国社会学家在2010年公布了一项调研结果:越是懂得经营弱关系的人越富有,那些越富有的人往往越懂得拓展弱关系,这就是弱关系的一个价值。对于创业者来说,弱关系则意味着更丰富多样的信息,以及更具创造性的发展潜质。

通常情况下,如果创业者打算从弱关系那里获得一些信息,那么他们获得有价值信息的概率会远远超过依赖强关系下的那些创业者。许多创业者喜欢面向外界,他们会屏蔽掉所有熟人给出的信息和建议,专心听取弱关系方面的信息,他们的创新能力会更加强大。社会学家Martin Ruef通过问卷调查了766个在斯坦福大学获得MBA学位的创业者,在评估这些企业的创新能力时,Martin Ruef发现,只有38%的人选择和家人、朋友进行了讨论,而高达52%选择了与客户和供货商这类商业伙伴讨论,更多的弱关系带来了更为活跃的信息。

另一个就是数量,这里要是指人数,依据邓巴数定律,每一个人维持紧密社会关系的人数上限为148人左右。但对于弱关系来说,这种限制并不存在,人们可以认识几千人甚至上万人,或者通过社交软件接触更多的人,这里包含着的新信息流通量非常惊人。尽管并非所有的弱关系人脉都是优质的,但是只要有一些优质的人脉资源,人们就可以走得更远。

比如当人们想要外出旅游的时候,只需要在社交平台或者微信社群内说出想法,就会有人为你提供各个好玩的旅游景点,会为你解答路线问题和住宿问题;当你不知道该如何制作一个让老板和客户满意的PPT时，一些合作过的客户，一些知乎上的网友，或者某些有过一面之缘的人，就会提供各种指导和建议。当你想要寻找一个合适的合作伙伴，或者寻找合适的产品时，也许只需要翻看一下抽屉里那些随机收到的名片，也许问题就会迎刃而解。弱关系更像是一个无穷数，它能够提供各种各样的可能，能够带来各种各样的关系连接，这就是它的一个重大优势。

我们之中的多数人面临的一个困境，就是过度依赖强关系，以至于被束缚在某个固定区域之中，其实弱关系带来的效果有时候会更好一些，而情况往往非常简单。当你意识到自己可能需要借助一些弱关系的力量，并给予必要的信任和经营时，它就能够为你提供一些必要的帮助。

5.
不知不觉中，弱关系可能决定了你的财运

有一次，朋友向我索要一个电话号码，这个号码是我的一位高中同学的，他是一个小饭馆的老板，而我朋友从事房地产生意，两个人的世界完全不搭边，我不太清楚他要这个电话具体要做什么。朋友笑了笑说："也没什么，你上次请吃饭，不是在他的饭馆里吗？我琢磨着既然大家见了一面，也算是半个朋友了，所以添加个电话号码，日后也好联系。"就是因为见了个面就要电话号码，不得不佩服他的交际手段。

但是由这件事，我反而想到了一个问题，那就是社交宽度与财富的关联性。我发现生活中那些经济条件比较好的朋友，他们的人脉非常广，手机里的号码都是上千个的，而普通人的手机里可能不会超过200个。一个有意思的现象是，财富越多的人似乎朋友也越多，认识的人也越多，而那些经济条件不好的人，社交方面往往相对比较狭窄和封闭。

关于这一点，早在2010年，三个美国研究人员就做了测试

和验证，几个人花了不少力气弄来了2005年8月份整个英国的几乎所有电话通信记录，包括了90%的手机和超过99%的固定电话。依据具体的，对这些电话进行分析和跟踪，他们准确地了解到那些通话记录更多且呈现出多样性的人大都生活在富人区，而穷人区的人通话记录偏少，而且通话对象比较单一。

经过进一步的分析，发现富人认识的人比穷人多，而且认识的人处于社会各个阶层，相比之下，穷人认识的人大都集中在同一地区、水平或者同一阶层内，他们更加关注的是朋友圈内的社交活动和沟通活动。还有一点也很重要，富人虽然交谈的对象比较多，但总体上的通话时间比穷人更短。

通常情况下，人们会认为富人认识的人更多是理所当然的，他们需要和更多的人做生意，需要动用更多的人脉资源办事，听起来是这样，但问题在于富人认识的很多人都和他所从事的行业没有直接的关联性，双方经常处在不同的行业和不同的阶层，一些人际关系的跨度非常大，无论怎样，他们都愿意认识更多不同类型、不同阶层的人。而穷人通常会有这样的想法："这些人与我无关，他们做什么、想什么、用什么和我没有半点关系，我也没有必要去认识他们，至于那些有钱人，我也高攀不上。"

尽管没有直接的证据表明，那些富人是先富起来之后才有广泛的人际关系，还是因为善于拓展弱关系，才变得富裕。但穷人思维在很多时候都在限制我们的社交模式，让我们处于一个弱关系缺乏的状态。有人说过这样一句话，一般人就待在家里，和朋友聊聊微信；生意人频繁参加各种饭局，和各种生意伙伴建立连接。而那些超级富豪基本上连饭局也不怎么参加，他们更希望花时间和不同的人接触、交流。

弱关系比较缺乏的人往往会被封闭在特定的环境和圈子里，他们不愿意走出去，因此发展的路子比较狭窄。

生意人的弱关系比较宽，他们愿意认识那些志同道合的人，并在饭局上建立起更稳定的合作关系，这种弱关系往往也是比较固定的，大都是同一行业的人。而富豪则不同，他们没有限制，没有被束缚在强关系以及强关系支撑的社交体系中，而是保持完全开放的态度，和更多不同类型的人交流，因此他们的思维和思想往往是最开放、最活跃，也是最包容的。

弱关系是一种非常不起眼的社会关系，在很多时候它因为非常普遍，因为非常脆弱而被人忽略，因为人们通常都不会轻易相信陌生人，并且会将大量的希望寄托在以熟人为支撑的强关系上。做生意先想到的是熟人和朋友，求人办事想到的是身边人,对于强关系的依赖使得人们经常会错失一些赚钱的好机会。

2012年6月,哈佛大学商学院的两位教授发了一篇名为《友谊的代价》的论文,他们考察了3 510个风险投资者在1975—2003年间,一共出现的11 895个投资项目,结果发现更多的人都喜欢选择一些和自己能力互补的弱关系群体进行合作,那些选择和熟人一起创业投资的人获得成功的概率,要比与弱关系的结盟更低一些。如果把世界上最成功的投资人和企业家进行分析,就会发现,这些人当中的绝大多数人都不是依靠亲朋好友这一类强关系获得成功的,他们更加喜欢接受陌生人,或者一些处于弱关系当中的人的指导。

有个医学院毕业的朋友在20年前就开始创业,那个时候他想了很多路子,也咨询了很多朋友、熟人,看看他们能够提供什么好的创业建议,但是得到的都是一些诸如"老老实实在医院上班""开个诊所或者药店"之类的点子。然后某一次外吃饭的时候,和饭店老板闲聊,意外得知了开农家乐的好处,于是就四处筹钱开了一家原生态的农家乐,并且开设了山间食疗养生馆,从而为自己赚取了人生的第一桶金。

强关系下的熟人们,大都拥有和自己类似的想法和差不多的视野,重要的是这些想法和视野因为一直都在小圈子里互动,而无法获得突破,只有走出这些强关系生活圈,去接触不同的人和不同的思想,才有可能把握住一些不曾发现的商机。

至少,人们应当意识到这样一个竞争原则,打败你的并不是强关系,而是那些弱关系。

6.
互联网时代的弱关系真相

有个朋友打算开设一家乡村啤酒吧,可是苦于资金不足,而且自己对于啤酒吧的相关流程和设计并不熟悉,而身边的人对于餐饮行业并不清楚,对啤酒吧更是不了解,最终,他的这个设想几乎搁置了一年多时间。后来,他干脆在本地的生活网以及创业者微信群中寻求帮助,结果当信息发布之后,很多人就为他提供了各种不错的建议,还有一些志同道合的人表示愿意入股。仅仅十天不到的时间,大家就计划好了一切,之后选址、集资、酒吧设计、人员安排一步到位,这家乡村啤酒吧在一个月之后顺利开张。

在过去,人们既依赖于自己的强关系,也常常会被自己的强关系束缚住,因此需要最大限度地发挥弱关系的一些优势。弱关系的建立大多数时候用于信息的传播和价值观的传播,可以说人与人之间的弱关系连接以及弱关系网络具有典型的社会性。而在互联网时代,弱关系的这些特点会被进一步放大。换句话说,互联网为弱关系的发展提供了一个更大的平台,互联网的发展为弱关系的拓展提供了很强的助力，借助互联网，人们的弱关系渠道正在成百上千倍地拓展，QQ、微信、论坛、网站，这些都可以最大限度地缩短人与人之间的距离，同时最大限度地为人们提供社交人脉。人们可以轻易就联系上各种各样的人，可以和各个社会阶层、各个国家、各个民族、各种性格类型的人建立连接。

这就是互联网带来的社交红利，它是弱关系能够更快地拓展的一个重要工具。某一天你利用微信"手机摇一摇"的功能，可以一下子联系到1 300公里以外的网友；你也可以在某个微博、知乎的话题上与某个名人辩论，并赢得全国网友的关注；你还可以使用Face book与外国友人分享自己的生活，并且和对方建立朋友关系。在互联网时代，你一举一动的信息都可以轻易分享给其他人，你也可以关注和了解其他人的生活和工作动态。

我的小女儿几乎每天都会在抖音上发送一条自己的视频，经过三个多月的经营，她收获了很多粉丝，仅仅从这一点来看，她在网上认识的人远远要比我多得多。在这里，你的身份、职业、年龄、社会地位、学识并不能真正带来社交优势，一条视频就可以让她收获几千个新粉丝，可以让她成为家庭里的社交流量之王。

从某种意义上来说，这种弱关系的拓展可能是无限制的，微信上可以添加好几个社群，而每一个社群可以容纳几百人，你的手机也能够轻松存下几百个号码，还有你在各大论坛和微博上，也完全可以和数不清的网友进行沟通。互联网就是一个无穷无尽的宝藏，它可以帮你最大限度地拓展社交广度，让弱关系的连接变得更加容易。

不仅如此，相比于强关系，弱关系最能体现公平原则，而互联网的出现让这种公平性得到最大化的体现。比如在强关系的对比中，可能一些能力更强、社会地位更高，或者权力更大的人，他们往往会拥有更加强大的强关系。大富豪李嘉诚的社会强关系肯定要比一个普通人的强关系要好很多，李嘉诚认识的商业合作伙伴以及朋友非富即贵，他们能够为李嘉诚的生意拓展提供很大的帮助，而一个普通人，他的社会关系往往处在一个较低的层次上，他所能够利用的强关系，能量往往非常有限。

可是李嘉诚在网络上的弱关系可能就不具备那么大的优势了，尽管他名声在外，会吸引很多人靠近自己，但是他依靠互联网发展弱关系的能量，可能并没有强关系那么明显。而对普通人而言，社会地位、经济实力、社会名望等门槛已经在网络世界被弱化了，有时候甚至根本无足轻重，他们可能也会认识各种各样的人，甚至于在一些追求私密性的互联网领域，普通人也有可认识李嘉诚所认识的那些网民。

无论如何，互联网提供了一个更加公平的舞台，你可以将自己的天赋、才华、气质完全展示给其他人看，可以充分运用自己的优势赢得更多人的认同，在互联网上，人们更容易建立起自己的品牌。你在现实生活中可能会很失败，很受挫，你没有太多朋友，没有一个展示自己的舞台，没有一个好的身份，但是在网络上，你所有的这些缺陷可能都会被改变。你可能会成为某个社群里的明星，可能总是在网络游戏排位赛上名列前茅，可能会在网络平台上成为话题中心。

自然而然，互联网的存在完全符合弱关系的社交逻辑，但问题通常也由此产生，弱关系中的很多社交活动都属于无效社交，在互联网上这种无效社交更是被放大。很多人拥有几千个网友，但是真正能够维持比较稳定的关系，真正能够建立起深度连接的并不多，往往只有极少数的人。不得不说，很多人在网上的社交实际上只是在打发时间而已，双方之间都没有将这种关系太过于当真。也正是因为如此，互联网上的弱关系往往拥有很大的广度，但是深度还不够，人们有机会认识更多的人，但也有可能会面对更多的无效社交。

第二章

寻找各种弱关系的枢纽

1.
将强关系当成拓展弱关系的平台

小艾是我们公司公认的人脉大师,当公司的同事一起外出旅游时,她就会打电话寻找旅游目的地的朋友或者同学,然后让他们找一找熟人,看看哪些景点是最好玩的,哪些酒店经济又划算。当同事准备出去聚餐时,她会提前联系好朋友,看看他们之中谁认识这家饭店的老板,而每次结账的时候,她都会帮我们要到一个特惠价。很多时候,我们会觉得和陌生人打交道挺不好意思的,但她总是有办法借助陌生人帮忙,获得一些生活和工作上的便利,而她的手机通讯录名单都是几百人以上。

众所周知,社会的联结是依靠关系来进行的,整个社会是一个人际关系的大集合,但是一个人认识的人非常有限,对于那些生活圈以外的陌生人,想要建立直接的联系并不容易,所以想要辐射和拓展人脉,就需要借助强关系的力量。

比如你准备去外地出差做调研,可是人生地不熟的,根本不知道该如何展开自己的工作,这个时候,你可能无法直接动用强关系的力量。但是你的大学同学可能会认识出差地的一些人，或者他们有一些好朋友在这儿，这个时候你可以找同学的朋友做向导，而这个大学同学就成为拓展弱关系的一个关键。

又或者你的同事和朋友可能都是医生和护士，当你初次参加一个钓鱼爱好者的聚会，你希望多了解一些相关的内容，可是会场上有几百人，没有一个人是你认识的，这个时候你要做的就是问一问自己的同事，看看有没有谁认识这个聚会中的钓鱼爱好者。

每一个人都有自己相对稳定的朋友圈和生活交际圈，这个交际圈中的人同样拥有属于自己的圈子，通过强关系中的亲人和朋友，你就能够认识对方朋友圈中的人，这种人际关系上的连接还能继续下去，尽管亲密度会越来越弱，连接的不稳定性会越来越低，但你的确能够依靠这种方式打造出社会性的关系网络。

简单来说，就是你的朋友是A，而A的朋友不仅仅包含你，还有C和D，那么通过A，你完全可以认识C和D。你和C、D原本是弱关系，却因为A这个强关系，你的弱关系得到了延伸和拓展。再进一步的话，你还可以借机打开C和D的朋友圈，去认识他们的朋友。

弱关系的延展从理论上来说可以创造一个最大值，或者说整个地球上的人在理论上都可以相互认识，但在日常生活中，我们可能会过度关注经营自己的强关系。当朋友看电影时还带着他的同学，你可能会觉得浑身不自在；当表兄弟邀请你去吃饭，而席间还坐着他们的朋友时，你可能在饭桌上一句话都不说；当同事带着朋友来你家里做客的时候，你可能会感到意外。

也许你会不断告诉自己，"这是他的朋友，不是我的""我没有必要认识好兄弟的同学""我不希望自己和同事之间的聚会被一些陌生人扰乱""我不想一整个周末的时间和陌生人待在一起"。在很多时候，陌生人或者边缘人的出现会导致一些不愉快的事情发生，至少我们会本能地和对方保持距离。

但在很多时候，你会焦急地在朋友圈四处询问，"有谁认识××小学的老师吗？""有谁认识某协会的会员吗？""有谁知道步行街路口那家4S店的经理吗？"事实上，很多时候你错过了认识这些人的机会，你在抱怨和排斥圈子以外的人，你时时刻刻都在划定一条社交的界限，将生活中那些边缘人拒之门外，对亲朋好友们的社交圈丝毫不感兴趣。

我们每一个人都有扩大社交的现实需求，而强关系实际上是一个重要的突破口，由于强关系的存在，我们可以更加轻松地认识那些陌生人。只要仔细去分析，你就会发现，你可以通过朋友找到各种代购和导游，可以找到机关单位的负责人，可以找到老师和医生，可以找到装修人员，可以找到你们想要认识的一些人。强关系并不是绝对的、封闭的关系群体，你应该利用它去做更多难以做到的事，认识更多原本不认识的人。

我的一位大学同学非常注重这些东西，早在上学期间，他就非常留意同学和朋友身边的人，每一次聚会或者吃饭的时候，只要我们带去一些他不认识的人，他就会非常热心地与对方进行攀谈，会记下每一个人的联系方式和职业。他有一本厚厚的名单，上面记着的很多名字都是我的朋友和同学，其中一些人我几乎都不怎么联系了，但是他却能够维持住基本的沟通。

在2017年年底的时候，他给我送来两瓶贵重的红酒，并特意请我吃一顿饭，说是感谢我的帮忙。原来在大约十年前，我在一次饭局上带着一位高中同学和他认识，没想到之后的几年时间里，他一直都在和对方联系，而这个高中同学之后成为他公司里最大的一个客户，他也因此而成为老板倚重的对象。

实践证明，这的确是经营人际关系的一种好方法，也是拓展弱关系的重要方式。或许从现在开始，你需要重新审视强关系的价值，需要更加理性地看待强关系和弱关系之间的关系。事实上，绝大多数人都会不由自主地分享自己的生活，分享自己的人际关系，会自觉不自觉地让你进入他们的生活圈，这是一个拓展弱关系的绝佳机会，而你不应该轻易错过这样的机会。

有一点非常重要，通常我们会认为强关系是一个能量场，但实际上通过强关系而打通的弱关系才是一个巨大的能量场。如果对弱关系进行分析挖掘，就会意识到它在很多特定的事件中发挥着强大的能量，在特定的时间维度和特定的空间维度上，弱关系往往会形成一个立体甚至多维的能量场。最常见的就是众筹和捐款，一个患病者可以在朋友圈内发起众筹，然后他的亲朋好友、邻居、同学、同事会迅速扮演传播信息的角色，并充当一个人脉跳板，他们可以将这条众筹信息发到自己的朋友圈，这个时候弱关系就开始逐步建立并发挥了作用。

而这个能量场的关键就在于强关系的稳定性以及影响力，如果他们拥有强大且稳定的强关系，那么弱关系的拓展就会变得更加高效和轻松。

2.
掌握六度分隔理论，打开人脉通道

在2016年的时候，一位客户打算让我帮忙写一点有关华为公司的文章，为了确保内容的真实性，我需要找到一位华为高管采访，不过我并没有这样的人脉资源。当我意识到这份工作可能要泡汤的时候，一位同事说他有个表弟在华为公司上班，就在人事部门工作，可能会认识这个高管。在联系上同事的表弟后，对方却犯了难，因为自己级别太低，无法直接和对方谈论采访事宜。不过他还是想到了一个点子，直接找到一个电视台的朋友帮忙，这个电视台主持人曾经采访过这位高管，两个人的关系还不错。所以，我又顺着这个思路找到了主持人帮忙，对方答应试一试，结果几天之后，这个主持人拨通了我的电话，说那个华为高管同意在一周后接受一个简短的采访。

这件事情第一次使我意识到，自己有机会和那些社会精英以及高层人物走得那么近，尽管过程有些曲折，但依靠着弱关系的拓展方式和延伸路线，我们的确有机会接触到一些自己平时根本没机会认识的人。

相信很多人都听过这样一句话:"你与世界上任何一个人之间相隔的距离不会超过六个人。"这就是哈佛著名心理学家斯坦利·米尔格拉姆提出来的六度分隔理论,也叫小世界理论。按照这一理论,世界实际上会变得很小,最多只需要六个人(五个中间人)来串联人际关系,人们就可以与世界上任何一个人建立起联系。

这个观点的科学性显然无法通过严谨的实践进行验证,毕竟没有社会学家或者心理学家能够让每一个人都参与到这样的实验当中,但是前几年还是有一家德国报纸进行了验证,帮助一位在法兰克福开烤肉店的土耳其人与他最喜欢的影星马龙·白兰度建立关联,结果事情很顺利,在几个月的时间内,验证者真的在不超过6个人的前提下建立起了这种关联性。

如果将这一理论运用到我们的生活中,也许也会产生类似的效果,你会惊奇地发现,自己和那些顶级企业家、超级明星、国家总统、伟大的作家,或者杰出的科学家之间,并没有想象中的那种距离。依靠人际关系,人们似乎可以轻易跨越各种地域限制以及社会阶层限制。比如,一个普通农民可能会和马云产生关联性,农民的儿子曾经上过大学,他的一个同学有一个表哥在阿里巴巴工作,而马云就是阿里巴巴的老总。如果更进一步,这个农民还能够和比尔·盖茨产生关联,因为盖茨和马云是非常好的朋友。或者也可以说,他是有机会看到盖茨办公桌上的一份财务报表的，或者了解盖茨昨天中午吃了什么。

类似的关联性非常有趣，你几乎能够在很短的距离内把握住任何你想要认识的人，这种把握绝对不是单纯的偶然性，它就像一个梦幻的开始，或者说是一颗魔力球，而且能量远远超出我们的想象。它往往从强关系开始，然后可以获得最大限度的延伸，这也是为什么弱关系能够具备如此大的能量。在很多时候，我们都会为自己的工作发愁，为孩子的教育发愁，我们总是向朋友抱怨自己人脉有限，自嘲没有赶上拼爹的好时代，没有生在大富大贵之家。"我不认识那些好医生""我没有办法帮孩子找到一个好的老师""我不认识那个部门的负责人""我根本不知道该找谁来解决问题"，也许我们没有一个好的基础和背景，但仍旧有望通过六度分隔理论来建立那些迫切需要建立的社会关联性。

在六度分隔理论的支撑下，我们的社会人际关系体系会得到一次大整合，并且变得更加立体，也会带来更多意想不到的惊喜。就像农民一样，他的世界里也许只有高粱、小麦或者玉米，也许只有贩卖种子的小贩和其他农民，他们的人际关系往往更像是一幅平面图，但如果深度连接一下，就可以快速突破原有的小世界，找到打开大世界的钥匙。

自然而然，六度分隔理论的现实局限性还是有的，并不是说每一个人就真的可以依靠理论上的关联性来打通社交渠道，毕竟这个世界上还是存在一些相对固定的圈子的，圈子里的人对于外来的进入者会设置各种门槛，因此不可能每个人都认识美国总统，不可能每个人都有机会和股神巴菲特坐在一起吃饭，维持或者追求某种关系所需的关系成本可能超出人们的能力范围。该理论只强调每个人之间可能存在的关联性，至于这种关系稳不稳定，是强是弱则没有任何保障，因此很多时候，你只是理论上与某人发生关联或者可能认识某些人而已。此外，度数越多的话，意味着你与想要建立关联之人之间的距离越远，建立良好关系的机会越渺茫。如果有可能的话，降低度数，减少关联通道，这样的社交关系会更加稳定，经过3个中间人肯定要比4个中间人更加可靠。

正因为如此，如何合理成熟地运用这一理论，为自己打开弱关系的通道，这才是最现实的做法。在商业领域，往往有人会将六度分隔理论的应用发挥到极致，通过熟人之间进行牵线搭桥，商人们可以将生意做到任何一个国家和地区，可以和各种各样的客户建立合作关系。

六度分隔理论是弱关系推广中的一个重要理论，而在具体的实践中，你应该懂得运用一些互联网工具和信息交流工具。比如依靠一些看病软件，你可以认识一些医生，可以通过这些医生认识其他患者，或者认识一些更高级别的医学专家。社交软件在这一方面的优势更为明显，你可以极大地放大社交效应。如果不考虑社交的质量，不考虑弱关系的强弱问题，互联网的确有助于推动人际关系关联性的提升。

3.
找到人际关系中的价值链

2013年,有一家公司的老总找到我,他迫切希望寻找到更多的客户,或者潜在的行业合作伙伴,而性格内敛的他不怎么爱说话,平时的朋友也很少,认识的人并不算多,这严重阻碍了他的生意拓展。他来到我这儿,希望我能够提供一些建议,看看如何才能够在行业内建立更广泛的交际,当然,他的意思就是要寻求更多可能对生意有所帮助的人。

老实说,我在过去见过不少这样的人,由于平时不擅交际,他们在工作或者创办事业的时候往往会非常吃力,尽管想要迫切地做出改变,打开局面,可是从习惯上来说,他们不知道从哪里开始拓展人脉。不同行业的人会有不同的方法,但本质上都是大同小异,通常我会建议他们寻求人脉市场上的价值链。

我更希望所有前来咨询的人能够认识到一点:整个世界都是相互关联的,因此人际关系也会形成一个市场,而在这个市场中,每一个人要做的就是找准各行各业中人际关系的价值链,看看自己处于这个价值链中的哪一个环节。

这次来咨询的是一个建材公司的老总,因此我建议他先将整个建材市场上与之相关的行业整理一遍,这里面涉及的面非常广,比如装修公司、家装设计师、建筑工程师以及泥水匠师傅;比如不锈钢和铝合金供应商、木材供应商、家具和灯具供应商;又比如房地产公司和业主、小区的物业公司、房产中介;深入挖掘的话,还包括各种经销商、同行,以及店铺的房东。对所有的人进行整合的原因在于,他们都是整个行业上相关的人物,都在扮演各种不同的角色,而这些角色或多或少都具有行业价值且相互影响。

我建议他从这些人入手,去打开和开拓人脉市场,结果半年之后,他特意发了一条信息给我,说自己的生意开始进入正轨,自己也认识了很多客户与合作商。

如果将这一个案例进行分析,我会用这样一句话进行总结:没有人会无缘无故认识你,你也不会无缘无故认识其他人,只要从价值链上查找,就会找到你需要认识的那些人。

在企业活动中,企业创造价值活动可以分解成各项任务和各相互关联的经济活动,所有的活动会构成一个价值链,而在人际关系中,价值链同样是串联一个社交群体或者一个行业群体的关键因素。价值链上的参与者扮演着不同的角色，发挥不同的作用，也处于不同的地位，但相互之间其实是具备一定的联系的。尽管很多时候，价值链上的人互不认识，可是通过对整条价值链上的利益关系进行整理，就会发现任何一个环节的消失或者变化都会对其他人产生影响。

在多数时候，价值链会成为一个非常可靠的人际链接模型和工具。前面我们谈到了关系成本的问题，它有一个专业术语：阻尼。阻尼就是阻碍人们打造稳定的人际关系的一种障碍和阻力，这种阻力会成为人们认识其他人最现实的制约因素。每一个人都会存在阻尼，你想要认识马云或者比尔·盖茨，那么就要想办法进入他们的社交圈，这个时候你的财力、见识、思想水平、人脉关系都要跟上去，没有这些，你所设想的那些关联性不会产生任何实际效果。而想要拥有这些，你付出的成本可能会很惊人。如果你是一个生意人，也许需要购买一辆迈巴赫，或者一艘私人游艇。现在巴菲特午餐的价钱都是几百万美元起，没有这么多钱，巴菲特连见一眼的机会也不会给你。

从阻尼问题联想到的一个深层问题，其实就是价值链问题，简单来说，就是你拿什么东西吸引有关联的人，你的身上和对方存在何种价值关联性，对方能够从你身上得到什么，或者说你会对对方产生何种影响。就像生物链或者商业生态链一样，人际关系中的价值链几乎无处不在，相关联的人往往处在同一条价值链上，彼此之间的物质需求和利益索取是一致的，或者说至少是相互关联、相互制约的。

狼虽然吃羊，但聪明的狼不会将草原上的羊全部杀死，因为当羊群消失之后，狼最终也会饿死。在这条生物链上，狼和羊具有共生性。在人际关系中，往往也存在类似的关联性，当然，情况往往更加复杂。比如，商人A有一个长期客户C，他为客户C提供各种原材料。而客户C作为加工者，他的下家合作者就是客户D，在这个商业生态链中，商人A认识客户C，但是并不认识客户D，如果考虑到三个人之间的利益关系，那么完全可以串联起来，建立起具有合作性的弱关系。客户D或许还能在生态链上找到下一家合作商，而在整个商业生态链上，相关的参与者本质上都是可以建立弱关系的。这个时候，商业生态链本质上就是一条价值链，只要找到人际关系中的价值链，那么弱关系就会变得更加稳固。

有个朋友是一个养羊的大户，每年都有将近3 000只羊供应到本地市场上。他该如何认识更多的人来帮助他卖掉这些羊呢？首先，就要找到一个稳定可靠的销售商，他们会成为促进销量的重要帮手；然后就是酒店、超市和餐馆的负责人，这些人可以利用自己的销售渠道卖掉更多的羊。

有一次，他在饭馆里和朋友吃饭，谈到自己的羊时，邻桌的一个养殖户地过来一张名片,并且希望能够到他的养羊基地参观,顺便想要买走50只羊进行配种。几天之后,双方见了面,这个养殖户又带了12个人前来买公羊和羊仔,他们都是外县某农业合作社的村民。

弱关系往往会以一种出人意料的方式建立起来,但是更多时候这种关系的建立都是建立在某种价值链的基础上的。在这个链条上,大家相互影响,相互促进。相比于靠熟人、以熟人的朋友身份办事,价值链中的人际关系可能会更加直接和稳固,因为大家都有相同的目标,或者有着相关联的利益需求,这种关系未必就是一环扣一环的,但任何人的存在和缺失,可能都会对整个价值链产生一定的冲击。

4.
神奇而实用的 250 法则

在一次参加企业家交流大会时，有个过去曾和我一起吃过饭的业务经理走过来和我攀谈，并且喋喋不休地介绍起了他们公司的一款新产品，他觉得非常适合我这样的人使用。大约在整个30分钟时间里，他一直都在试图向我推荐这款产品，而我委婉表态自己已经购买了类似的产品。他笑着说没有关系，倘若公司允许的话，他愿意将这个产品送给我。

我疑心这是他的客套话而已，又担心他会给我设置一些销售陷阱。但我还是非常礼貌地询问他为什么非要这么做，他没有立即回答，而是趁势递给我一张名片。

然后他笑着回答说："先生，我觉得有必要将这款产品介绍给你，即便你不需要，我还是期待着你的亲朋好友需要它，所以我希望让你认识它，然后让你身后的那些兄弟姐妹们也来认识它。"

我也笑了笑,看了看那张名片。过去我一直都不清楚,也不想过多地了解名片究竟代表了什么:一个名字?一种业务?或者一个身份?现在我终于明白,它代表了一个市场,一个依赖弱关系就可以打开的市场。

在生活中,很多人都会遇到类似的情况,一些熟人,或者半熟不熟的人会热心地向我们推销产品,在多数时候,我们会这么想:"他们只是想要依靠这层关系来捆绑我们,然后将产品顺理成章地卖给我们。也许我该碍于面子买一点,或者干脆婉拒。"但是,情况可能并不那么简单,因为从一开始,对方的目标就不是我们,或者说我们并不是最重要的目标,对方看重的是我们身后的生活圈和社交群体。这些群体的规模不容小觑,亲人、朋友、同学、同事、邻居、领导、老师等,而从现实的角度来说,对方不可能认识我们身后站的这些人,也不太可能产生太多的交集,所以,他们想要拓展和发展这层弱关系,就需要借助一个支点,我们在接受他们的邀请,在倾听他们的谈话,在接过那一张名片的时候,就已经成为一个理想的支点。

其实,早在20世纪,被称为销售之神的乔·吉拉德就意识到弱关系的重要性,并且总结出了类似的方法来拓展弱关系。他提出了一个著名的250法则,简单来说,就是每一个顾客后面都站着大约250个人,他们是这个顾客的亲人、朋友、同学、上级、同事、邻居以及合作伙伴和客户。乔·吉拉德认为只要认识了一个人，那么就有机会认识对方生活圈中的250个人，只要把握住了一个顾客，就有机会向对方身后的250个人推销业务。所以乔·吉拉德逢人就递出自己的名片，并且非常注重在节假日给那些顾客寄去一些卡片，为的就是打造和强化销售支点。这个支点就是一个枢纽，是一个撬开人际关系大门的钥匙，然后发展新的支点，拓展新的人脉。由此可以看出，乔·吉拉德能够卖出13 001辆汽车可并不是因为运气足够好，因为一个人不可能连续十几年都如此好运。

250法则的背后就是一种人际关系拓展效应，你可以通过熟人来发展弱关系，也可以通过弱关系来发展弱关系。你可以随机地说服一个亲人、朋友或者同事，让他们体验你的产品，在安利公司的销售形式中，非常重要的一个方法就是利用家庭主妇打造一个小的商业生态圈。公司会说服一些家庭主妇购买或者使用自己的产品，然后拉拢他们成为自己的销售雇员，她们会拿着产品在每个晚上的妇女聚会上进行展示。这样的方法在今天看起来有点老套，但是仍然管用。我的妻子就经常会在参加朋友聚会之后带回来一些护肤品让我使用，有时候我会觉得这是一种低级的营销模式，但问题在于它总能够拓展弱关系，尤其是对于妇女和老年人来说，效果非常明显，比如妻子就经常要求我必须去参加她的营销圈聚会。

这一类广告也可以在弱关系的交往中进行传播，就像一个和你关系并不密切的人一样,他在某天可能会给你一份市场调查,给你一个产品,或者说服你购买某一项服务。在商品经济时代,我们对于人际互动的要求更高,但是你与这个世界的大部分人都处于无关联的状态,只有发展弱关系,我们才能将自己的产品、服务和思维模式传播给更多的人。

有一次,一个年轻人给我寄来一箱杨梅,他是浙江人,家乡就盛产杨梅。我跟他之前只见过一面,我们在一次活动中简单聊过几句,没想到他这么热情好客,直接寄了杨梅给我吃。这些杨梅的味道非常好,酸甜适中,而且颗粒大水分足,单是让人看一眼就非常有食欲。我觉得非常不错,于是与家人、亲戚和朋友们分享了一些,并且推荐他们也去买一点杨梅来吃。结果几天之后,一大堆亲戚和朋友来找我,希望我帮忙购买杨梅,我一统计,有213箱之多,很显然他们的朋友也在寻求购买渠道,所以我直接在那个年轻人那儿下了一笔大单子。

事后,我认真分析了这件事,突然意识到,无论对方是有意还是无意送我杨梅,他都完成了一次非常漂亮的弱关系营销。借助我这个弱关系的点,他有效拓展了生意,发展了更多的弱关系。

250法则的限制非常少,它真正体现出了弱关系的一些优势,和纯粹的熟人关系相比,弱关系在很多时候拥有更广阔的空间，因为一个人背后站着的250个人，也许绝大部分对你来说都属于弱关系，而他们中的每一个人背后另外站着的250个人更是弱关系，只要打开了人际关系的一扇大门，你就会发现强大的弱关系资源可以利用。

5.
尝试着将不同的圈子连在一起

有一次，公司的老总央求我去上海某学校采访，并弄一份心理教育现状的调查报告，我向所有从事医疗工作以及教育单位的同学、朋友求助，看看他们能不能帮我找到前往这家学校采访的机会，然后获得第一手的资料。请求信息发送出去之后，一连过了好几天，也迟迟不见有什么动静，所以我打算亲自前往上海的这家学校碰碰运气。

巧合的是，当天小区的物业管理者准备召集大家去小区的广场上商讨管理问题，我于是在微信社群里谈到了自己准备缺席这次聚会的原因。不多久之后，一个在楼道里做保洁工作的阿姨在社群里做出了回应，她说自己的前任女婿曾经是上海市教育局做心理咨询工作的，平时都会去各个学校进行心理调查、心理咨询和指导工作。之后我要到了她前女婿的电话，对方帮我联系好了校方，并且答应陪我一起去学校进行采访。

我几乎从未想过，自己几乎调动了所有与心理教育相关的人脉关系，都没有找到能够帮助我的人，一个平时见了面也不怎么说话的保洁阿姨却替我解决了大问题。这件事让我觉得非常惊奇，我意识到每一个人可能都具备一些拥有巨大能量的人脉资源，只不过它经常隐藏在你不关注或习惯性忽略掉的角落中，而深层的原因在于，我们总是按照自己的需求类型在自己的人际关系分类名单中寻找帮助，殊不知，这种分类有时候带有很强的迷惑性和约束性。

从现实的角度来说，每个人都拥有很多个不同的社交圈，如家族圈、朋友圈、工作圈、同学圈、同乡圈、小区邻居圈、游戏圈、车友圈、健身圈，等等。诸如此类的所有圈子都代表了某一方面的生活状态和社会关系需求，在很多时候，这些圈子都是分开且独立的，简单来说，你不太可能莫名其妙地将自己的亲戚和同事们召集在一起吃饭，也不太可能把同乡也拉进自己的朋友圈，因为这个同乡可能和你的朋友都不熟悉。

所以在很多时候，你的社会关系处于一种相对封闭的状态，他们之间不具备太大的关联性。但对于个人的需求来说，往往不是封闭和孤立的。你渴望获得认同，那么亲人和朋友实际上能够扮演差不多的角色；你渴望在工作中获得突破，可能会有朋友能够提供帮助，或者某个老乡提供创业上的支持；你的小区邻居，也许你一整年都不见得和他们说过两句话，但是他们之中的某些人可能是某单位的领导，可能认识某位大供应商，或者能够为你提供法律上的咨询。

对于你来说，你本人就是一个枢纽，将不同圈子连接在一起形成一个超级圈，在这个圈子里，每一种关系，每一个人都可以串联到不同的生活角色当中，因为你所认识的人他们也在扮演形形色色的角色，只不过你经常会被某一印象深刻的角色所迷惑。我的大学导师曾经自嘲"不务正业"：谈起教师，他的职业属性可能会令人印象深刻，但实际上他扮演的角色可能是某个游戏社群的高段位选手，也可能是垂钓协会的会长。从社会需求的角度来分析，这句话可能对那些试图利用弱关系的人有一定的启发——你所认识的那些人可能在其他方面含有巨大的能量。你所设定的那些人脉在相应的圈子里其实并不是单一的，他们完全可以实现各种圈子的客串。

在很多地方，我都见识过同乡的力量，比如著名的温州商人，几乎每一个省份中的温州人都会结成一个商派，依据同乡关系，他们之间的关系渗透到了教育、医疗、饮食、娱乐、房产、文化、公益事业等多个方面。有个温州商人曾经和我说过一件事，他们在外地做生意一旦遇到什么困难，除了会想到请求商场上的朋友帮忙之外，依靠最多的就是同乡会的成员，即便一些成员不是商人，他们也能够提供一些力所能及的帮助。

一旦我们专注于某一个领域或者圈子，而没有放开自己的视野，没有将这些圈子之间的隔阂打开，那么很多弱关系都会失去应有的作用。

  所以，从现在开始就要改变自己的思维模式和社交模式，尝试着将所有的圈子连接在一起，然后，想办法从中找到自己所需要的那种社会关系，尤其是那种能够带来帮助的弱关系，到时候你就会发现问题会变得更容易解决。

第三章

打造高质量
弱关系的心法

1.
保持热情，寻找建立连接的机会

一天，一个年轻人打来电话，让我无论如何都要去某高级酒店吃一顿饭，他说自己已经定好了酒席，就等着我开饭了，如果我不去，他就不会离开。我苦笑了一声，感叹现在的年轻人真是执拗。事实上，他此前已经给我发过三次信息了，内容都是强调要和我见一面，大家在一起吃顿便饭、聊聊天，他期待着能够向我讨教一些问题。

我不是诚心要拒绝，而是觉得自己真的没有什么可以指点的，这不是什么误人子弟的谦辞，而是自己真的不太适应这种"传道授业"的模式。一开始，我觉得拒绝了也没什么，但对方的热情很高，接二连三地催促我，反倒让我觉得局促不安起来。

他在电话中反复强调："段永平都和巴菲特吃上午餐了，我和你吃顿饭难道真的那么难吗？"这不是真的生气，但对我来说的确带来了一些压力。既然提到巴菲特和段永平，反而让我联想起了最近几年非常火爆的巴菲特午餐，说白了就是超级富豪们的金钱游戏，花个几百万和巴菲特坐在一起吃一顿饭。

为什么每一年都会有大量的富豪和企业家热衷于参加巴菲特午餐，他们和巴菲特很熟吗？事实并非如此，在对待这一份弱关系上，他们始终保持强烈的热情，无论是物质驱动、利益驱动还是说名誉驱动，追求者都希望和巴菲特建立一次连接，这种连接不需要太过于密切，仅仅是一顿饭局足够了，因为他们可以从股神这儿获得更多有价值的信息。

因此，对于这个年轻人的要求，我真的无法拒绝，虽然自己并不是什么大人物，但我不能轻易抹杀一个年轻人的热情，所以我答应了这一次的邀请，他在电话中非常开心。后来，在一次交谈中（那时的我们已经比较熟悉了），他谈到了这几次的邀请，觉得非常骄傲和自豪，他料定我会拒绝，所以一次次发来信息并通过这样的方式和我进行了多次沟通，这就是一次次连接的过程，直到我同意参加饭局，连接也就正式完成了。

我并不知道这个年轻人是通过什么渠道了解我的，也不知道他是否看过我的文章或者听过我的一些演说，但是他对于弱关系的理解和运用显然非常到位。在生活和工作中，或许很少有人会长时间保持这种建立弱关系连接的热情，他们表现得太过于自我，太过于羞涩了。

在过去，我很少去单独强调"热情"，但事实上谁也不能忽视它，尤其是在弱关系的连接和建立上，它的确扮演着非常重要的角色，直接决定了我们是否有与陌生人沟通的欲望和愿望。在前面我们谈到了弱关系与财富的问题，谈到了富人们更加热衷于与人交流，更加热衷于与不同的人建立连接，这就是积极性和热情的一种展示，而穷人往往缺乏这种热情，他们会习惯性地压制自己一些不切合实际的想法，或者觉得自己有这样的时间与人交流，还不如埋头苦干，做好自己的事情。

我父亲就是这样的人，他一生都在自己的小圈子里用心经营，谁都夸赞他为人处世的方式非常得体，他还是一个兢兢业业的工作者，几乎会推掉所有不相干的社交活动和饭局，也许每个周末和同事或者朋友一起外出钓鱼是他唯一正式的社交活动。他是一个好人，也有不错的人缘，但是他的圈子太小了，重要的是缺乏拓展社交圈的欲望，就像他对我们的告诫一样："与其花时间认识那么多的人，不如好好提升一下工作水平。"多少年来，他的工作并没有什么起色，除了勤勤恳恳之外，也根本拿不出任何有价值的东西来吸引老板的关注。

在社会上，有很多类似于我父亲这样的人，他们对于圈子内的事情非常重视，也懂得如何去经营，但是从来没有太多要走出去的想法，他们仅有的热情都奉献给了亲人、朋友和一些老熟人，对于其他事情并不关心。他们对弱关系的态度非常冷漠，并且并没有打算去开拓弱关系,所以他们很难走出自己的圈子,也很难去完成一些自己做不到的事情。

而那些更为优秀的人,往往更加重视弱关系,并且用强烈的热情来支撑自己拓展弱关系的行动。在他们看来,挖掘弱关系中有价值的成分,对于自己的发展至关重要。比如,微软创始人比尔·盖茨,每年都会和一些畅销书作者进行交谈,目的就是从他们那儿获得更多有价值的思维方式;巴菲特的老搭档也是如此,这个95岁的老人一直以来都深居简出,不喜欢参加太多的社交活动,但是却非常喜欢阅读,喜欢和那些出色的作家交谈,他还大方地将自己的股份赠送给对方。在这一方面,他们具有强烈的热情,喜欢在弱关系当中走得更远一些,对他们而言,这是拓宽视野的绝佳方式。

需要注意的是,热情并不等同于要在任意时刻与人建立弱关系连接,真正稳定的弱关系是需要寻找其内在价值的。很多人可能会在饭桌上称兄道弟,谈论人生理想和各种合作规划,但是离开饭桌可能就互相遗忘,不再联系。只有专注于经营自己喜欢且需要的那些弱关系,我们才能够真正获得进步,才能够建立起高价值的连接。

2.
强大的责任心，是赢得尊重的前提

2009年，我有一次去福州开会，当时正值四月份，南方的湿气很重，一连好几天都在下雨，所以我就在半路上买了一双雨靴穿着，不过在进入会场之后我又换了下来，并且将其交给门卫室的一位保安大哥。

等到会议结束之后，我去保安室取鞋，发现鞋子不见了，而保安对此也一无所知，因为之前他前往会议室送了一趟热水，回来的时候也没注意到鞋子被谁穿走了。看得出这个保安大哥很自责，我于是就安慰他说："算了，反正一双鞋子也不值钱，被人穿走就算了，你也不用去找了。"

没想到对方还挺执拗，"不，您的雨鞋的确是放在我这儿的，我有义务去保管它，现在丢失了，我也有义务去找回来。"

我正想继续劝说，没想到对方随手递过来50元钱让我拿着，我笑着推开了，表示不用赔钱。对方一把将钱塞进我的口袋里,然后笑着说:"这样吧,鞋子如果找不回来,这些钱就赔给你,如果能够找到,我再把鞋子送还给你,到时候你再把钱退还给我就行了。"我还是委婉地回绝了。

在离开福州的两天后,这个保安大哥不知道从哪里弄到了我的联系方式,然后给我快递了那双雨靴。原来,当时有个与会者临时有事离开了,见到外面的积水很深,不得已穿走了我的雨靴。事情的原委都弄清楚了,而我对于保安大哥的责任心感到由衷的敬佩,所以这么多年来,我和他一直保持着联系。

通常来说,在寻找弱关系的时候,价值链是一个重要的考量因素,但除此之外,可靠性才是建立弱关系链接的基本前提。简单来说,一个人只有让人觉得踏实可靠,我们才有意愿与之建立连接,才想要和对方进行深入的交流,而可靠性的一个基本标准就是责任心。

对于我所建立连接的弱关系对象,我很少去刻意评判这个人是否具有责任心,不过,责任心强烈的人的确更容易引起我的关注和好感。记得有一次,半夜遇见一个老总亲自开着车买快餐,他说:"员工们还在工厂里赶工加班呢,别饿着了,我不太放心,所以出来买点夜宵送过去。"在这之前,我一直觉得这个老总太精明了,但因为这件事,我突然就对这个老总产生了很好的印象。

很多时候，责任心是一个容易被忽略的社交要素，一个人有价值、有能力、会聊天，还和你有共同的语言和想法，你一定会觉得这就是最佳的交集对象了，但真正打动你的还需要一些品质，你需要主动去验证发展这样一段弱关系之后，对方在你生活和工作中所扮演的角色，以及对你产生的影响。如果他只是一个没有责任心的人，那么你所打造的这段关系可能并不牢靠，因为他可能并没有认真想过，如何对你以及你们之间的关系负责的问题。

当弱关系建立起来的时候，虽然并没有类似于契约的东西在约束我们的行为，但是维护这份关系的一些基本道德，甚至于必要的法律义务也就随之产生了，而责任心会有效帮助我们打造一个更加稳定的关系结构。

而在表现责任心的时候，通常要注意三个要素：承诺、职责，以及态度。承诺主要是指个人对于某一个人或者某一件事的践行模式，在说出某一个要求或者目标时，就要努力去实现，不能只说不做。比如你在饭桌上强调了要帮助某人做事，那么事后就不能随便找个理由搪塞过去，甚至假装不闻不问，失信于人。

职责是指我们在生活和工作中，在人际关系中所扮演的角色，以及这个角色所承担的相应的任务。在一个群体或者某个工作体系中，如果你不能意识到自己的工作是什么，无法承担并完成自己的任务，那么其他人必定会有所指责。一个连自己本职工作也做不好或者不愿意去做的人，通常无法赢得其他人的信任，别人无法对这样的弱关系产生信心。

态度主要是指个人的自觉性，即你是主动积极地承担相应的责任，而不是在某种外来的压力下被动履行职责的，虽然结果可能是一样的，但是态度上的不同无疑会影响他人对你的判断，会影响他们对这段关系是否值得发展下去的判断。

对于弱关系来说，它是边缘性的，不可完全信任的，若即若离的，这种脆弱性就决定了人们更容易产生防备心理，更容易用高标准来评价他人。就像你在面对一个不怎么熟悉也不怎么交流的人的时候，对于对方的言行举止必定都会进行关注和考察，确保自己不会受到伤害。同样，别人也会以这样的标准对你进行类似的考察和考核。

所以在打造一个自己期待的弱关系时，一定要将责任心放在非常重要的位置上，只有这样才能真正获得高质量的弱关系。

3.
有耐心,才能打造更加稳定的弱关系

杰克是一位香港人,他来苏州工作超过15年,在一家集团公司担任业务经理。可是在2016年的时候,这个集团公司由于经营管理不善,不得不裁员,将近60%的事业部、研发部和市场部员工被迫离职。在15年的工作生涯当中,他从来没有想过自己有一天会离开公司,也从来没有想过跳槽找其他工作,当自己突然需要离开的时候,他有些不知所措,也不清楚自己的下一份工作在哪里。

在找到我之前,他一直都待在江苏的房子里,因为他害怕回香港,害怕告诉其他人自己失业了,一个人到了40岁的时候,竟然失业了,他不想去面对这一切,并且渴望获得一切的帮助。我分析了他面临的困境,于是,给他下达了一个要求,那就是争取将自己过去15年来接触过的同事以及客户的名单列举出来,他需要看看那些人是否能够帮得上忙。

杰克是一个非常好的人,每一个人都想要帮助他,但是很多人离开公司后一直过得不如意，有人一直找不到工作，有人创业失败，一些客户公司也倒闭了。整整打了三个月的电话，杰克也没有找到那个能够提供一些帮助的人。他有些失落，我让他保持耐心继续和这些人沟通，闲话家常，保持关系上的适度距离。结果大约在半年之后，有一个合作过的客户发来一条信息，他正在帮助另一家客户公司开拓市场，而这家公司正好缺一个有经验、有能力的业务经理，所以他直接推荐了杰克。

事情其实并没有那么简单，这个客户在接触杰克的时候，也接触了其他人选，他希望自己能够有一些考察的机会和评判的余地。当然在几个月的时间里，只有杰克仍旧保持一定的联系，只有他仍旧想办法维持和经营这份弱关系，所以客户直接将这个机会给了他。

我告诉杰克，一切都是他应得的，他理所应当获得这份工作，无论是实力、人脉还是态度，都当之无愧。在为他人提供咨询工作那么多年来，我见过很多类似于杰克这样的人，他们不缺乏能力，也拥有不错的弱关系资源，但问题在于他们总是将一些优势搞砸，总是表现得再也等不起了，不愿意继续维持和经营这种若即若离的关系，也许他们更希望看到的局面是：有一个人某天早上敲开他的房门，然后告诉他说："你被我们公司录用了！"

在一个大家都在忙碌的年代，我们一方面在寻求新的弱关系，一方面也在忽略大量的弱关系，其中一个重要的原因就是耐心不足。急于求成的心理让很多人不想要在一些社交上浪费太多时间，如果见到这种社交没有任何成效，很多人就会草率地将这个人拉进黑名单。这就像删掉手机通讯录中的电话号码一样简单。有些人可能是你在某一次聚会上认识的，某些人可能是你客户的朋友，有些人可能是车站里偶遇的，大家也许会有一次简单的交谈，彼此互留号码，然后再也没有太多的联系，直到有一天，你觉得这些关系再也不会起到任何作用，为了确保自己通讯录的简洁性，你会毫不犹豫地删除这些弱关系名单，尽管它们并没有占据太多的内存。

社会学家们认为，我们时刻都在接纳新事物和信息，同时也在删除那些没有被激活的信息。在社交方面也是一样，我们的人际关系常常处于不断变化之中，新的弱关系会很快覆盖原有的弱关系，然后又有新的会来取代这一批新的。这样的循环几乎伴随着我们的一生，也许到了老年，才会相对稳定下来。

我遇见过很多人都在纠结这个问题，他们觉得自己的友情淘汰率很高，这当然算不上是友情，至多只是弱关系的淘汰，而这种淘汰常常没有经过任何的消化和吸收。我们记录下了那些联系方式，然后一动不动地保存了几年，之后又果断删除。有些可能联系了一阵子，直到某一天我们意识到这些关系根本没有什么价值，所以我们会选择用新的来覆盖和替代。

在处理弱关系的时候，我们并没有意识到这是一种非常脆弱的人际关系，它不像强关系那样拥有比较强大的情感基础和社交基础，在很多时候，弱关系很容易直接变成没有关系，一面之缘或者偶尔的一句交谈，这些并不能真正成为主导人际关系最重要的因素。

显而易见的是，多数人会直接忽略掉大量的弱关系，不妨想一想，你是否记得自己的亲戚带来的朋友长什么样子，你和他们交流过吗？你还记得那些校友并且长时间和他们进行交流吗？你是否对自己公司其他部门的员工都印象深刻，是否互相留着电话号码？你是否会经常和那些不很熟悉的人发信息，或者在网络上进行简单的互动？

在缺乏有效的经营方式和强大耐心的前提下，我们的弱关系大都会面临失败，会成为社交上的负担，最终整个社交也会变成无效社交。时间和态度会成为检验弱关系的一个重要标准，这一点毋庸置疑。有一个同事曾经连续20年都和国外旅游时认识的一个外国人交流，双方每周会有一次简单的信息交流，直到某一年他出国因为签证问题而被扣留时，他的那个外国朋友及时出现，对方正好是管理出入境的高级官员，事情很快就被解决了。我想说，如果没有这种经营弱关系的耐心和恒心，也许这一次他真的会遇到大麻烦。

此外，场景的设置非常重要，我们需要从一些简单的生活化的对话开始，而不是一见面就开始聊一些深奥的话题，就试图引导对方进行深度交流。显而易见的是，对方通常都会排斥这种引导方式，因为他还没有对你产生信任。此外，深度交流意味着深度思考，这种方式并不适合于弱关系的交流情境。

从生物学的观点来看，我们的大脑需要通过激活内部的奖励回路来产生愉悦感，大脑内部的腹侧被盖区、伏隔核及杏仁核是多巴胺奖励回路的关键部分，并且负责将多巴胺这种令人兴奋的物质分配到大脑各处。而深度交流以及深度思考是一项费脑力的活动，会消耗掉大量的身体能量和认知资源，这对于刚刚建立联系的人来说显然不合时宜，对方很有可能会直接对你产生反感。

所以，我们需要用循序渐进的策略，需要保持一点耐心，慢慢引导这段关系向前发展，然后在时机成熟的时候加深彼此的了解和对话，在相互探索中真正激活多巴胺。

总的来说，弱关系有时候看起来并不那么起眼，以至于你总是会想要放弃它，可是当你坚持下去的时候，就会突然发现它蕴藏着一个巨大的宝藏。

4.
保持包容，接纳并理解他人的想法

我曾遇到过一个老乡，他和周围人的关系非常糟糕，平时总是毫无顾忌地对其他人的发言提出指责和批评，因此经常会被他人排斥。比如，在一次公益性的活动上，一位江苏的林业专家强调了在大西北植树造林的成本和管理问题，很多植树变成了纯粹的商业广告，而无法真正产生价值，由于缺乏科学的管理手段，大面积的树苗正在死去，接下来还提出了几个方案。这种发言引起了老乡的不满，他觉得这些方案并不完善，有一些还不太符合现实，所以他当众提出了反对意见，并且认为只有那些坐在办公室里的专家，才会有如此幼稚的方案。结果，整个活动变成了两个人的互相批判和指责，场面一度非常尴尬。后来是如何收场的已经不重要了，我只记得，第二年这两个人已经被踢出了这个公益性质的社群。

这绝对不是一个打开弱关系大门的正确方式，我的意思是我们有表达的权利，但是却过分看重这种权利，以至于常常表现得过于自我和自负，我们会被一些负面情绪推动着前进。你可以看看詹姆士·哈维·罗宾森教授在《下决心的过程》中是如何说的：

> 我们有时会在毫无抗拒或被热情淹没的情形下改变自己的想法，但是如果有人说我们错了，反而会使我们迁怒对方，更固执己见。我们会毫无根据地形成自己的想法，但如果有人不同意我们的想法时，反而会使我们全心全意维护自己的想法。显然不是那些想法对我们珍贵，而是我们的自尊心受到了威胁……"我的"这个简单的词，是做人处世关系中最重要的，妥善运用这两个字才是智慧之源。不论说"我的"晚餐，"我的"狗，"我的"房子，"我的"父亲，"我的"国家或"我的"上帝，都具备相同的力量。我们不但不喜欢说我的表不准，或我的车太破旧，也讨厌别人纠正我们对火车的知识、水杨素的药效或亚述王沙冈一世生卒年月的错误……我们愿意继续相信以往惯于相信的事，而如果我们所相信的事遭到了怀疑，我们就会找尽借口为自己的信念辩护。结果呢，多数我们所谓的推理，变成找借口来继续相信我们早已相信的事物。

不得不承认，包容是一个很难的话题，因为人常常依赖某种惯性而活着，我们总是拥有自己的思想、自己的立场和角度，以及选择事物的标准。在很多时候，我们无法做出评价是好是坏，因为，任何人的立场和想法都不足以衡量一切，而我们又偏偏觉得自己可以代表某一种秩序、某一种能量或者某一种标准。考虑到人际关系中的那些不确定性因素，这些分歧往往会成为破坏性的因子，但我们在试图避免让关系变得更加糟糕之前，需要放下自己排斥性的思维模型，保持开放、包容的态度。

2013年，我在美国做演讲的时候。一个纽约华人商会的副会长找到我，他是我多年来的老听众了，几乎每一次去那里演说，他都会出现在台下。尽管我们从不曾留下什么联系方式，但是每一次见面还是会简单聊上几句。这一次，他在后台找到我并邀请我吃饭，一入座，他就开了腔："你知道吗？你第一次的演说就很吸引人，我记得是讲述金融危机的内容，内容和想法都非常不错，但我多年来一直对你当时所说的金融改革方式不太赞同，直到今天我也存有疑惑。"

"是吗？我觉得老先生当时完全可以说出来的，你可以直接告诉我，或者给我一点批评性的建议。"

"不，不，不，我觉得你说得还是有一定道理的，这是你的看法，我没有任何理由去破坏它的存在。我只能说双方可以找一个成熟的时机进行交流，就像今天这样，但绝对不是批判，我想不出任何理由要批判。"

老先生的一番话让人非常动容，我突然意识到这么多年来，我们之间这种具有默契度的弱关系得以维持下去并不是没有道理的，包容和尊重让我们之间形成了一种社交张力。

其实，人际交往的本质是迁就，是融合，当你试图对着一个广场舞大妈说教的时候，她可能并没有意识到自己的行为对其他人产生了影响，而你也同样不曾包容她们对这种活动的热爱。当你试图对那些持有不同看法的人高谈阔论，动不动进行修正的时候，可能同样会引发对方的批判。在我们执着于自己的观点时，也许没有意识到，缺乏包容恰恰成为弱关系时代最没有修养的一种表现。

在拓展弱关系方面，我们可能会产生一个误解，认为有必要认识那些和自己有着共性的人，比如拥有相同的价值观，共同的目标和利益，或者共同的经历。我们经常会片面地认定其他的人不适合自己，而潜台词就是："我们的想法不一致，不像是一路人，也不适合交往。"但事实上，有关相似性和共性的需求更像是强关系体制中的内容，对于弱关系来说，也许也需要这些，但并不是绝对的，想要找一个和自己相似度很高的人，那么我们也许会将自己继续束缚在某一层次和空间内。而事实是，我们需要主动走出去，去接触不同的人，接纳不同的思想，需要放开怀抱。

5.
真诚至上,让彼此之间保持透明

2005年的时候,我当时还在从事新闻工作,并且是新闻行业内的新人,没有什么经验和资历,在面对工作时明显缺乏信心。有一次,我去采访一位企业家,当时正处于实习期的我,在表达上明显有些拘谨,而且完全不知道该如何与受访者进行更顺畅的交流。那一次的采访仅仅维持了八分钟,对方便找借口要去开会而离开了,而当时我们几乎还没有谈到一些重要的话题。

这对我来说是一次彻彻底底的失败,但我还是非常真诚地告诉对方:"无论如何都应该感谢你,要知道您是我过去几个月以来唯一愿意接受采访超过八分钟的人,我非常感谢您给了我这样的机会,开诚布公地进行对话。作为一个新人,我还是感受到了您的照顾。"

对方顿了一下,突然递给我一张名片,告诉我下一次可以随时再来采访,就这样我在一个星期之后顺利完成了采访,并且和这个企业家成为好友。

这一次的经历使我意识到了真诚的重要性，我知道很多时候人们都会以一种客套和敷衍的形式完成对话，在多数人看来社交或者沟通只是一种形式上的连接，双方只要说上几句话就行了，并没有人真正在乎你是否讲了真话。但事实并非如此，正因为交流过于刻板和套路化，人们基本上无法有效发展优质的弱关系。

在弱关系社交中，很多人似乎并没有想过如何建立更完整、更高效的连接方式，这是一个非常普遍的现象，有时候甚至会让人觉得这就是社交的真相。这样的模式令人不安，因为这段关系很容易被一些恶意的因素击垮。心理学家包约翰在《为什么我不敢告诉你我是谁》中列出了沟通的五个层次，这五个层次基本上也就是社交的五个层次。

第一个层次是陈腔滥调地打招呼，最常见的就是"最近还好吗？""你今天的状态看起来还不错！""早餐吃过了吗？"在你遇到任何一个人时，也许都会说出这样的话，很难说有没有什么意义，但就内容而言，价值确实不高。

第二个层次是关于他人的事实的陈述和报导，这一类谈话通常是从他人谈话中引申出来的一些事实情况，从第三者的角度进行陈述，无疑会降低惹怒他人的风险，因为原话并不是你说的，有时候这是一个比较聪明的沟通方式。

第三个层次是意见和判断，简单来说就是你可以自由表达自己的观点，而你同样需要懂得迎合他人的思想和立场，以包容的心态来面对这一切。只有先做到求同存异，才能建立起深度连接的关系。

第四层次是感受与情绪，这是人际交往中的高层次、高水平沟通方式，我们可以传递自己的感受和情绪，可以分享自己的情感，并借助这些来影响他人。人是感情丰富的生物体，运用感情无疑是最佳的沟通策略。

第五层次则是坦诚沟通、形成默契，即我们在沟通中需要坦承自己的想法，需要将基本的信息告知对方，不能进行恶意的隐瞒和欺骗。当双方之间存在分歧的时候，需要真诚面对彼此，并且尽量让事情回归到事实层面上。

想象一下，我们在互联网上是如何与陌生人闲聊的，我们在参加饭局的时候是如何戴着面具去生活的，当下的问题在于我们希望获得更多的人脉，需要建立更广泛的连接，但我们的防备心总是在作祟。

当你去阿里巴巴面试的时候，你会告诉面试官自己的辉煌履历，你还能够大肆吹嘘和修饰一番自己的能力，但一切都是不真实的。当你去见一个有权威的人物时，你会强调自己非常崇拜对方，你甚至看过不少他的专题报道，甚至牵扯出你的父母——"他们总是让我以您为榜样。"口是心非，天花乱坠，我们轻易就会戴上面具，并且本能地意识到其他人可能以同样的方式面对自己。试想一下，这样的弱关系还能长久地维持下去吗？

信息的真实性，情感的真实性，对于相关事件的真实感受和真实感知，这些才是经营弱关系时不可或缺的沟通要素。弱关系的价值在于提供了更广阔的视野和更丰富的信息，我们需要借助弱关系从其他人那儿获得更多新鲜的信息，需要掌握更多与众不同的方法和技巧，需要去了解更多从未涉足的知识，而只有真诚，才能架起信息流动的桥梁，只有真诚，人与人之间的信任度才容易建立起来。

我们都不会希望自己辛辛苦苦建立的商业连接只是一个骗局，不会希望自己辛辛苦苦经营的关系到头来只是一场谎言，不会希望自己所接收到的信息漏洞百出。弱关系的价值表现于新，而这种新需要建立在真实的基础上。真正有用的人可能藏在弱关系当中，而真正有价值的信息，永远在最真诚的人那儿。

此外，从情感联结的角度来说，当我们努力去建立一种新的社交关系，努力去投入自己的感情时，并不希望它是一个虚假甚至是虚无的信号，当彼此相互防备而缺少透明度的时候，这段情感联结必定是脆弱的。

有时候你要认识的只是一个真诚的人，而你要付出的也是自己的真诚，否则再多的社交活动和社交流程也都不足以让弱关系变得可靠而稳定。

6.
保持敏锐的嗅觉，积极挖掘优质人脉

王先生曾经是我公司的一个客户，初次见面时，就能够感觉到他是一个豪爽的人，说话办事有着北方人的爽朗和干练。他的人际关系非常杂，而且人脉很广，几乎各式各样的人都和他有交往。我曾经和他一起参加过两次活动，他是那种见到谁都乐意举起酒杯聊上几句的人。看得出来，在拓展弱关系方面，他是一个非常热情且自信的人。

他自己也多次坦白两个爱好：第一喜欢喝酒，逢人就要喝上一杯；第二就是好交友，遇到陌生人只要聊上两句，就会当成朋友一样对待。他有一份很长的朋友名单，一个本子上面记得密密麻麻的，全是联系方式。

但最近一段时间，他经常向我唠叨太累，不是工作太累，而是朋友之间的聚会太累，他说这周就应付了4场聚会，都是一些过去联系过的朋友，有一些不怎么来往的客户，一些商会的同行，还有自行车车友，很多则是同事和朋友介绍的一些人。他自己从来是来者不拒，觉得不去的话，可能会不太合适，但是大量的应酬活动确实已经耽误了自己的工作，也影响了身体健康。

在向我诉苦之后，我提出了两个问题："你和这些人的关系都很好吗？"以及"他们在工作和生活中对你提供了什么很大的帮助没有？"王先生摸了摸脑袋，认真想了想，摇摇头，他记不清楚有谁真的给自己太多的帮助，也不知道自己的生意是否依靠过其中的某些人。

于是，我果断地提供了一个建议：尽量减少此类社交的次数，将少数社交集中在那些更值得交往的人身上。当然，前提是你要懂得对自己的人脉资源进行层次上的划分，看看哪些人是最优质的资源，这部分人才是需要建立弱关系的重点。

王先生之后是否按照我说的去做了，我并不清楚，但发生在他身上的这些社交问题和社交负重几乎是现实社会的一个缩影。我们经常会结识各种各样的人，朋友的朋友、客户的朋友、朋友的朋友的朋友，以及一些看起来和自己关联性几乎没有的人，以至于每年都疲于应付各种无关紧要的饭局和聚会，每年都要花费大量资金来维持这种无价值的人际关系，这是非常典型的无效社交。

多年前，腾讯公司曾经提出了社交网络中"二度人脉"的概念，腾讯公司对此做出的解释为：一度人脉是指自己最直接的朋友圈，一度人脉中的所有成员和自己的关系比较密切。而二度人脉则是由朋友的朋友组成的圈子。这个概念的提出，本质上是对弱关系的一种定义和开发，也符合网络世界的社交模式和社交优势。

不过，这个社交概念多年来并没有取得大家的认同，或者说它的推广是失败的。一方面是因为网络世界存在关于身份问题的疑惑，以及个人隐私的安全问题；另一方面则在于我们对于弱关系的盲目拓展导致出现了大量的无效社交。

无效社交产生的缘由，就在于我们片面地将弱关系社交当成了无差别、无选择的社交模式，而在信息技术飞速发展的今天，我们可以借助信息工具建立起大规模的社交群，实现大范围的社交，但问题在于这种快节奏的社交模式成了速食文化的一部分，我们几乎无法深入交流，也无法分辨这些弱关系以及弱关系所捆绑带来的信息是否具备价值。

一个非常简单的现实问题就是，我们没有必要去认识所有人，而且不可能所有的弱关系都对你有价值，如果有人打算采取广撒网的策略，那么可能会适得其反，因为经营任何一段人际关系都是需要付出相应成本的，金钱、时间、精力、社会资源、健康，等等。如果自己经营的这份弱关系成本很高而收益非常低，那么这种社交或者社交模式就是失败的。

在那种三天大聚会、两天小聚会的社交模式中，我们无法去处理所有的人际关系，也无法从容应对自己的生活和工作，所以必要的选择和取舍是发展弱关系的重要策略。那么应该如何去选择呢？最简单的一个方法就是择优。

从现实的角度来说，打造人脉的一个真相在于，每个人的社交需求是不同的，所以在选择不同的社交对象时，既要照顾到自己的需求，也要迎合对方的需求。不仅如此，每一个人所能维持的社交关系是有限制的，一个人不可能和所有人建立良好的关系，也不可能认识所有人，所以优先选择一些优质人脉至关重要。

有关优质人脉的打造，已经是一个老话题了，其最基本的原则就是寻找高质量的人脉关系，打造高质量的弱关系，通俗来说，就是重点寻找那些能够最大限度帮助你获得成长和发展的人。

对于优质人脉的挖掘，不仅仅在于观察这个人的身份地位、能力、事业、财富、权力，还需要敏锐的嗅觉和出色的观察能力，透过个人的谈吐和思想观点，透过个人在生活和工作中的表现，你必须能够准确识别哪些人是潜力股。

大约是在三年前，李先生从阿里巴巴离职，自己成立了一家互联网公司，当公司成立之后，他来我这儿招人。当时我新招收了一个实习生做助理，这个实习生是一家不知名大学的高材生，但是为人还算勤快，头脑也聪明，因此在工作中还是表现得非常出色。而有一次李先生在我这儿听课，突然就和我说："我观察了差不多个把小时，发现你的助理为人很机灵，做事很有章法，重要的是谈吐不俗，是一个有想法、有追求的人，我感觉他日后会做大事。"

我笑着说："你要是这么喜欢，你就把他挖走算了，当然前提是你要给他更高的工资才行。"这本来只是一句玩笑话，但是李先生当真了，当天就直接向我要人，但是那个实习生可能是出于对我的考虑，直接拒绝了李先生的好意。但李先生还是留下了联系方式，并且此后他也经常来我这儿和那个实习生聊天。

之后，这个学生因为家庭原因离开了我这儿，据说到北京一家电子外贸公司上班，然后再也没有音讯了。直到2018年年底的时候，李先生邀请我给他们公司的员工讲课，我到了公司竟然发现当年的那个实习生也在那儿，而这个时候，他是那家电子外贸公司的经理，而他这一次是来与李先生商讨合作的，而李先生顺利地和那家公司建立起深度合作关系，并且顺利地打开了北京的市场。

并不清楚这两个人之间是如何建立起合作关系的，但李先生当年的慧眼识珠定然起到了关键作用，如果不是因为这样，也许这两个人一辈子也无法产生关联，更不可能进行合作。而无论如何，这都是一个非常有意义的案例，它展示了高质量、高价值弱关系所能产生的影响，以及对于这种影响力的提前预估和挖掘，当然前提在于我们必须培养这样的意识——集中精力抓住那些优质人脉。

7.
格局越高,你的弱关系层次才会越高

2000年6月29日,网易成功登录纳斯达克,可是一经上市就遭遇了互联网泡沫破裂的危机,纳斯达克指数一路下跌,网易不断缩水,开始出现经营困难的局面。不仅如此,由于涉嫌会计造假,这家公司的名声受到很大影响,市值很快下跌为不足200万美金,纳斯达克甚至暂停了网易的股票交易。

在这场突如其来的风暴中,网易的创始人丁磊欲哭无泪,想要快点卖掉这家公司,但是根本就没有人接手。当时的丁磊准备将机会赌在网络游戏上,他希望可以依靠网络游戏实现大翻盘。但在当年的环境下,想要做到这一点,谈何容易,根本没有人愿意投资,所以他在朋友的帮助下与一手打造小霸王和步步高品牌的段永平进行接触,丁磊觉得网络游戏会是未来互联网发展的一个重要方向,它会成为一块巨大的蛋糕。没想到段永平听了这个设想之后,非常认同,他觉得丁磊的想法要明显高于其他人,所以直接决定入股投资200万美金,而这一次的入股解决了网易游戏的资金问题,丁磊成功借助这笔投资翻身。

为什么段永平会心甘情愿地为一个不熟悉的失败企业家投资呢？丁磊为什么能够说服段永平呢？原因就在于格局，一个人的格局决定了他能够结交什么样的人。丁磊是一个目光长远的企业家，他对于未来局势的判断超出常人，对于互联网的发展有着自己精准的认知，而这种高格局、高眼界无疑为他赢得优质人脉奠定了基础。

且不说强关系，有些人之间的弱关系层次是比较高的。贝佐斯能够吸引世界上最出色的投资家，贝佐斯的亚马逊亏了差不多20年才开始盈利，但所有人都佩服贝佐斯的眼光和格局，大家都知道这家公司迟早会飞黄腾达的，所以世界首富轮着他坐了，而且第二名和第一名之间的差距还不小。

马云也是一个格局很高的人，他的阿里巴巴、淘宝、支付宝、钉钉、蚂蚁金服、菜鸟网络等互联网品牌几乎在互联网各个领域都实现了完美布局，所以，就连比尔·盖茨在了解他后也忍不住称赞下一个首富最有可能的就是马云。

贝佐斯和马云即便没有什么有钱的朋友和同事，也能够依靠自己的实力赢得很多弱关系的支持。在过去人们经常会说，身边人的格局决定了你的格局，其实反过来说，一个人的格局越高，身边人的格局必定也会更高一些。当一个人足够强大时，他的弱关系网络中必定会吸引一大批强大的人。

有个同乡去广州学习室内装修的时候，他告诉别人说自己希望学一门吃饭的手艺，后来他在一家普通的装潢公司做着月薪五千元的工作，整整坚持了十年，也没有获得更好的发展机会。有一次，他去参加一次室内装修设计会展。在会展中心，他同几个陌生人聊天，谈到了目前装修业的瓶颈和弊端，他想要成立一家全市最大的装修公司，组建全市最专业最出色的装修队伍，甚至成立装修咨询公司。结果那几个陌生人和他热聊了一整天，之后他们出资三千万同他一起成立了一家实力雄厚的装潢设计公司。对于我朋友来说，过去十年都没有任何改善的职业，一下子就迎来了巅峰。

一个人的格局往往会影响自身的发展，这种影响力有时候是外向的，别人会感受到你的气场，会感受到你与众不同的地方，这对于双方之间的互动和连接很有帮助。在弱关系的连接中，很多人往往忽略一个问题，所有的社会关系都是相互作用的，当你在寻找优质弱关系的同时，其他人也在寻找和考验一个更有价值的你，因此在建立连接的时候，人们需要展示出最佳的状态，需要将自己最好的一面呈现出来。而一个志向高远、很有格局的高人，无疑更容易产生吸引力，而且通常会吸引那些同一频道和等级的人。社交虽然从理论上来说是开放的，但是在现实生活中，高效的社交应该具有向上的诉求，至少我们也应该保持和自己同一层次的人交往。

在大学时代，我曾经建议成立一个社会关系学的咨询室，包含了社会学、心理学和必要的管理学科目，但是这个想法遭到了同学们的嘲笑和拒绝。我记得导师是这样说的："你应该庆幸自己没有和他们一同合作，当他们拒绝你时，意味着你还没有遇见对的人，还没有遇见一个能够真正理解你，能够和你一样眼界开阔的人，也意味着你没有遭遇到一个糟糕的合伙人。"

这些年我一直都在用这句话激励那些不被认可的人，那些前来咨询的学者、教师、研究人员、公司职员、律师以及医生，他们有很高的抱负和理想，有开放的思维，尽管没有被理解，但我认为他们的层次和境界比一般人更高，而理所应当地，他们应该获得更高层次人的欣赏。

这是弱关系连接中非常重要的一部分，并不仅仅在于个人信心的培养，而在于一种态度，即一个高格局的人往往会吸引其他高格局、高层次的人，而且他们也应该主动去吸引这些人，并与之建立连接。

第四章

打造并经营你的个人品牌

1.
六大维度建立你的人设标签

我们都知道,许多企业家都喜欢追求"0薪水"和"1元的年薪",在过去这样的行为被当作是企业家责任心的一种体现,他们往往会被贴上"视金钱如粪土""注重企业长远发展"等"良心企业家"的人设标签,这个时候公众或者客户都会坚定地认为这些人肩负着社会使命,肩负着为国家做贡献的使命。

但是,最近几年又有人站出来批判这种管理方式,批判者认为那些标榜0元年薪的CEO,或者每年象征性地从公司拿走1元钱的企业家,不仅是在作秀,而且还有避税和逃税的嫌疑,将个人应得工资放进企业中来计算,无疑会大大减轻支出。这一下,那些优质企业家的人设又开始崩塌了。

在舆论风暴中,"人设"几乎成为2019年最火爆的一个词汇,但人设并不是最近才出现的,它的存在本身就和中国文化习惯息息相关。比如,西方人并不喜欢轻易评判一个人,在他们的文化中,任何一种状态和个性都可能是合理的,即便是一些错误的示范，他们可能也会表现出一定的宽容，但在中国，错与对的界限更加分明，个人价值与形象的判断经常会被放在公众审判性的目光下进行审核，只有别人审核过的"我"才是有价值的"我"，只有别人认定的那个"我"才是真实的"我"，这种文化特性就决定了人们对于人设的看重。

在这样的环境下，个人的昵称、自拍头像、只言片语、行为举止、兴趣爱好、思想价值都会在无形中和"人设标签"融为一体。而在弱关系中，人设的重要性更加重要，因为熟人之间更能够包容，强关系体系中的人设往往会比较稳定，就像朋友明知道你在犯错，也还会帮助你掩盖真相一样，所以有时候你是什么形象的人反而不重要。但在弱关系中，情况就完全不同了，由于置身于公众的目光之下，你的一举一动都会成为个人形象的标签，都会成为他人评判和考量你的依据。

如果从弱关系的角度来说，人设将是人生最重要的一场修行，一个人约会时如果不准时，他的朋友大概会觉得"这很正常，我已经习惯了"，但是对于初次见面的人来说，可能就会觉得这个人太不守信用，不可以深交，这个时候就会给对方贴上"不守信用"的标签。所以，我们平时一定要注意自己的言行举止，要注意全方位打造一个好的形象和人设标签。

简单来说，我们可以从六个维度去建立自己的人设标签，确保自己能够树立良好的形象和品牌。

第一,一个人想要拥有健康积极的形象,想要对他人形成正面的影响,那么最起码的一点就是拥有一个活力四射的身体,你需要通过运动来打造一个健康的体魄,需要有良好的情绪状态,需要展示自己活跃的思维能力以及强大的意志力,这些都可以让人处在一个能量充沛的状态,而这种状态下的人更容易赢得赞美。毕竟,没有人会希望自己看见的是一个病恹恹,且成天抱怨,懦弱卑怯的人,和这样的人打交道,往往会影响自己的生活质量。

在2014年的一次晚宴上,我与初次见面的林先生相谈甚欢,并很快成为朋友。有一天他突然问我:"你和我完全属于不同年纪的人,我们之间也没有什么业务往来,不知道当晚那么多人,你偏偏会想到和我说话。"我笑着说:"因为我看到你和别人说话,中气十足,重要的是你看起来一直在微笑,而且你的穿着非常运动、阳光、健康,这不像一个55岁的人该有的穿着。看得出来你的生活非常健康,你的身体也非常健康,我喜欢这种健康的能量。"

我想在很多时候,大家也都有这样的想法,当你见到一个有能量的人时,你常常更容易对这段关系充满期待。

第二，你需要变得更加知性，这是个人魅力的一个核心因素。如果一个人想要让自己的形象更加完美，那么就要懂得学习，懂得充实自己、完善自己，不断吸收新的知识，不断把握新的信息。与此同时，你必须拥有自我反省和自我批判的意识，让自己时刻审查所做之事，在反思中获得进步。反过来说，那些依靠经验和以往知识生活的人，往往表现出封闭和固执的一面，反而让人难以亲近。

第三，你需要拥有更强烈、更鲜明的社交性格，比如拥有出色的演说能力和写作能力，这些都是拥有强大表现力的象征，它们可以出色地将自己的思想、性格、能力、期望、观点全部展示和分享给其他人。比如拥有一副热心肠，喜欢急人所难，一旦有人遇到困难，他们就会号召其他人一同前来帮忙。比如有的人在社交中善于倾听，非常有耐心，而且注重细节，往往能够处理好彼此之间的关系。又比如有的人性格直爽，比较坦诚，凡事不喜欢遮遮掩掩，这样的性格很容易赢得他人的信任。当人们试着成为一个社交性格比较强烈的人时，他们在面对弱关系连接时，往往更具魅力，也更有胜算。

第四，你需要拥有良好的价值观，一个人的内在思想和素养往往决定了他的真实形象，如果打算建立一个好的人设，那么一定确保三观要正，要建立正确的价值观，自己的所作所为要符合社会主流思想。不要试图在主流价值观中逆行，更不要通过一些错误的言行来博取关注度。

第五，展示自己的个性，人设往往和个人的素养有关，但和个性同样息息相关，个性越突出越好，那么人设往往也就显得越高大上。在合理的价值观基础上，个性的展示至关重要，它是你区别于其他人的重要表现，也是展示一个人真实内在的依据。人们都渴望给自己贴上一些更光鲜的标签，但重要的还是应该做自己，做回自己这才是最大的人设标签，也会是最显眼的人设标签。

第六，要保持从容的态度，并懂得把握合适的契机来展现自我。在弱关系经营中，自我展示是非常重要的内容，也是建立人设的重要步骤，但问题在于，这种展示不要有太多刻意而为之的斧凿痕迹，凡事应该顺其自然，自然而然地发生，自然而然地展示，这才是最高的境界，也是人设正确建立的打开方式。因此，把握时机非常重要，在正确的时间以及合适的地点，你可以通过实际行动向其他人推销你自己，如果过于刻意，那么大家会觉得你在作秀。

这六个方面实际上展示了一个人的精、气、神，展示了一个人在社交中所体现出来的最佳状态，而这些状态往往会成为他人重点考核的项目和标准，所以把握住这六个方面，有助于我们建立起更好的人设标签。

2.
重新确定适合你的优势定位

堂弟前两年开了一家大型水果超市,可是由于自己此前常年在外工作,人脉大都在北方,回到南方老家后反而不太适应。加上自己一直从事证券工作,对于水果市场的门道并不了解,所以生意一直也没有太多的起色。为了扩大水果销量,尽快打开知名度,他需要建立更多的弱关系。

考虑到他以前的工作性质,我建议他加入一个微信社群,里面都是一些炒股的股民,有一些是企业家,有些是律师和医生,还有一些是普通的工薪族。大家建立这样一个社群就是为了方便交流,虽然平时都不认识,都有各自的生活和工作,但是因为拥有共同的兴趣爱好,还是免不了会有一些交集。社群的负责人私下还会发起一些互动性活动,彼此之间促进交流,加强了解。而堂弟加入社群之后非常受欢迎,而且还借此认识了本地一些优秀的企业家。

尽管里面的人形形色色,但我一直强调他必须清楚自己的优势是什么，那就是股市分析的才能。作为一个资深的股票经纪人，他对于股市中如何操作早已经熟门熟路，因此在整个社群中拥有很大的发言权。一般情况下，他会每天准时给大家讲解投资的一些技巧，讲解如何分析股市的波动，并且常常会给出一些投资的时机。每次只要他开口说话，其他人都会认真倾听，并且期待着他可以多做一些更加精细的指点。正因为如此，堂弟在里面认识了很多人，而这些人反过来又帮忙给他介绍水果生意。

对于任何一个试图建立弱关系的人来说，首先要明确的就是自我定位，这也是我多年来在讲解弱关系时反复强调的一点。原因很简单，如果一个人能够找到自己的最佳定位，并且发挥出最大的优势，那么必定也会产生最强大的吸引力。当我们站在一个优势位置上时，很难不引起更多的注意，其他人可能会主动与我们建立起彼此之间的关系。

一般来说，人们可以在弱关系中扮演四种角色。

第一种是专家，顾名思义就是社交圈中掌握信息、资源和相关知识的权威人物，他们享有更大的话语权，能够为他人提供各种重要的信息，并帮助他们解决一些困惑。依赖着强大的知识量和资源，专家往往会在群体中受到更多的关注，自然也会吸引很多人主动建立连接。

第二种角色是节点,所谓节点指的是一个人际关系枢纽,他们可以将不同类型、不同群体的人连接在一起。由于在弱关系的社交圈内,人与人之间的关系比较模糊,而且缺乏亲密度和信任,这个时候就需要一个中间人来周旋,并在适当的时机将所有人凝聚在某一个特定方向上。节点往往具有独特的人格魅力和强大的社交手段,以及出色的观察能力,他们往往会吸引弱关系成员的关注,毕竟大家都希望借助这个枢纽来实现自己的社交目标。

第三种角色是明星,作为社交圈的明星人物,他们并不见得拥有很强的个人能力,关键在于他们确实表现得魅力四射,他们习惯且擅长于展示自己最佳的一面。不仅如此,他们的口才往往非常出色,气质独特,且善于运用情绪以及情感来影响他人,具有天然的吸引力和影响力。

第四种角色是助理,助理主要的工作就是为其他人提供服务,他们是热心肠的代表,且任劳任怨、不计报酬,尽管他们的地位相对较低,但是却非常受欢迎。在弱关系连接中,他们有时候是不可或缺的,重要的是他们有大量机会接触一些优质人脉。

对于角色的定位,一直以来就是人类学或者社会学重点研究的内容。早在我们的祖先还处于智人时代,他们面临的强大对手是尼安德特人,这一群体拥有更加强壮的体魄,更快捷的速度,也拥有很高的智力,但他们最终被智人灭绝了。因为,他们没有明确的社会分工，没有意识到群体中的每一个人所扮演的角色。在弱关系中强调这一点也许有些不合时宜，但问题在于人们需要以一个最好的状态赢得生存的机会，并体现自己的价值，这一点在任何一个群体中都是共通的。

你应当找到自己的优势，看看自己在一个弱关系体系中所能扮演的最佳角色，这是你建立连接的绝佳方式，而不仅仅是"我想要认识谁"。我认识一个上海某大学的大学生，在还未毕业之前就加入了一个高尔夫球赛圈，这个圈子里的人非富即贵，都是一些高尔夫的业余爱好者。每一年秋季，他们都会聚集在上海开展一些高尔夫比赛。而这个大学生以免费的形式帮助圈子里的人策划场地、住宿、聚会和其他娱乐活动，与此同时，他还会帮忙处理一些私人事务。许多人觉得这个年轻人很傻，应该好好从这些有钱人那儿拿一笔不菲的劳务费，但实际上这个年轻人获得了更多更有价值的东西，那就是与大部分圈内的人都建立了良好的关系，而这就为他积累了潜在的优质资源。在大学毕业之后，这个年轻人就进入一家香港公司上班，而这家公司的老总正是高尔夫球赛圈内的成员。

对那些想要重点经营弱关系的人来说，必须对自身价值有一个明确的认知，对于自己能够扮演的角色也要了如指掌。在多数情况下，我们必须保证自己拥有一个合适的定位和角色，并愿意通过这些角色来施展自己的才华，呈现出自身的价值。

3.
持续展示，积累个人品牌效应

有一个叫小喵（化名）的姑娘，是某直播网站上的一个网红，从2015年开始，她就开始在视频APP上发一些自己唱歌的视频，之后她很快被网友认识，并且有人将她的视频大量转发，并获得了极高的关注度。到了2018年年底的时候，她已经唱了不下100首歌，而且拥有超过190万人的庞大粉丝群。各大直播网站也相继表态想要和她签约，将其纳入麾下。

有关网红和直播，是最近几年来最火爆的互联网话题之一，而网红的出现其实就是弱关系价值的最好体现。在缺乏背景、缺乏资金的前提下，很多人根本无法成为明星，因为他们的生活圈中没有那种推介人，没有娱乐圈中的熟人网络，但是在互联网上，他们有时候只需要发送一个简单的视频，有时候只需要来一场简单的秀，就会获得很多素不相识的网友的关注。网友会自发地转发信息，充当传播者和介绍人，而在强大的互联网的作用下，这些信息会以几何级增长的方式扩散。

当众多网友成为粉丝之后，这种信息扩散效应会继续放大，而网红要做的就是持续更新信息展示自我，确保自己的形象可以在累积中形成一个较强的品牌效应。在网络世界尤其是直播平台上，这种弱关系的发展模式和经营模式非常有效，几乎可以让一个普通人短时间内就成为明星，成为流量之王。

并不是所有人都想成为网红，不过，这种弱关系经营模式大体还是可以复制的，如果你想要获得更高的关注度，想要建立更加稳定而丰富的弱关系，那么就需要做到持续输出和展示，需要不断将那些能够完善和强化自我的信息展示出来，争取建立个人的形象和品牌。

我们小区有个美术生，在我的推荐下进入一个本地的美术协会。一开始我还担心她无法适应群体的生活，毕竟协会中的很多人都年纪偏大，大家似乎没有太多的共同语言。不过，小姑娘聪明伶俐，拥有很强的社交能力。平时经常会在大家面前展示自己的舞蹈才艺和美术功底，有什么内部活动时，她也经常会参与策划，并积极参加演出。几个月之后，她就和所有人打成一片，很多人都成了她的粉丝，认为她就是协会中的小精灵。正因为如此，协会中有很多热心的长辈和同行甚至帮忙物色相亲对象。

打造一个吸引人的、稳定的个人形象，有时候并没有想象中的那么难，关键在于当你建立起某一个形象之后，要做的就是持续输出和展示，让自己的形象更加深入人心，让自己的品牌效应在自我发挥中不断得到强化。比如，在一个微信社群中，你发一条重要信息可能没人会关注你，但是如果你每天准时准点发送一条重要信息，那么久而久之你的个人作用和形象定位就会清晰起来，大家都会不约而同地将你当成一个重要角色来看待。

可口可乐公司经营了一百多年才有今天的地位，华为公司历经波折才有了今天的品牌影响力，商业品牌的建立往往需要时间的验证，而个人品牌同样如此，它看中的是品牌效应的累积。你做了一件事，说了一句话，或者有过一次怎样的表现，都不足以打造个人的品牌，至少这个品牌还不够稳定和确切。就像你不太可能因为和某人说了几句话就被当成是天才，对方不太可能就会认定你前途不可限量。想要获得绝对的认同，就要拿出更多有说服力的表现来完善自己的形象，强化自身的品牌定位。

所以，在打造个人品牌的时候，保持持续性的积累非常重要，你需要频繁出现，需要向他人展示你存在的价值，增加曝光率，增加主动性，选择更多的机会推销自己，在各种网络平台上展示自己，或者准时参加各种群体内的社交活动，并且不要忘了将自己的优势表现出来，强化外界的印象。频率和次数的增加往往是最直接的品牌积累，就像那些广告频繁出现在电视台黄金档一样，观众看得多了，自然也就认识并认可了这个品牌。

同时，你还需要不断完善自己的优势，而你的其他优点和能力最好也能够为这个品牌优势而服务。如果你给人的第一印象就是工作踏实，那么你在工作方面的每一件事情都需要从稳定性出发，避免急功近利的表现。不仅如此，你在生活方面也要给人踏实的感觉，你需要展示自己的耐力，展示自己的真诚，需要让别人感受到你做事的热情，这些特点都会让踏实这一特质显得更加突出和丰满。

总而言之，从没有关系到弱关系，再想办法将弱关系变成强关系，在整个过程中，最重要的一点就是互动。而这种互动不可能一次性完成，人们需要有一个时间来消化这段关系，因此如果你想要和外界建立更多的连接，必须将自己的一些特质变成常态性的表现，这样，他人对你的认识从最初的印象变成一种惯性的认知，而个人也就可以从最初的形象展示变成品牌展示。

4.
打造自己独特人格魅力的三个核心法则

有一位女人在社交平台上写下了这样一段话:"极致的成功需要极致的个性,这样的成功以其他方面的牺牲为代价。极度的成功跟你认为的'成功'是不一样的,你不必成为像理查德或者埃隆那样的人,也能过上富裕和优质的生活。你获得幸福的概率比成为伟大人物的概率更高。但如果你是一个极端的人物,你必须做你自己,幸福对你来说已经不是人生最重要的目标了。这些人常常是怪胎或者与社会格格不入,他们总是强迫自己以一种非同寻常的方式去体验这个世界。他们找到生存的策略,随着年龄的增长,他们想方设法把这些策略应用在其他的事情当中,为自己创造出独特的、强有力的优势。他们的思维方式不同常人,他们总能以全新的角度看待事物,找到具有洞见的创意。但是,人们常常认为他们是疯子。"

这段话出自埃隆·马斯克的前妻,作为一个有过共同生活经历的人,她非常了解这个创造了特斯拉且拥有移民火星计划和超级高铁计划的男人,并且深深为他身上的那些特质痴迷,两个人的结合就是从弱关系开始的。更重要的是，马斯克这些与众不同的特质使他成为这个星球上最疯狂，也最具魅力的企业家，尽管褒贬不一，但马斯克的个人魅力却无法被掩盖，他甚至被称为"下一个乔布斯"。

不是因为他是超级创新大师马斯克，他才有魅力，而是因为他有魅力，才成为了独一无二的马斯克，马斯克的社交魅力在于他拥有独特的个人魅力。当然，对于每一个人来说，都可以打造属于自己的人格魅力，你的幽默，你的聪慧，你的知性和优雅，你的从容不迫，你的敢作敢当，你的包容大气，这些都是个人魅力的体现，也都是个人进行弱关系连接非常重要的保障。

那么我们应该如何打造个人魅力呢？其中，是否需要遵循什么原则呢？很显然，人们首先应该明确一点，那就是每一个人都有个性，都有自己的魅力所在，只是很多时候我们在平凡的生活中遗失了它们。或者说我们并不认为自己具有魅力，而没能激发出它的价值和潜力。所以，真正要做的还是找回自己，看看自己究竟是什么人，看看自己的优势是什么，然后记得打造自己的核心IP。

当年，罗永浩还在做锤子手机，在一次新手机发布会上，收到了罗振宇发来的一条信息，上面写了这样一行字："你好好干啊，我们这一波靠吹牛起家的就剩咱俩了。"作为自媒体转型最成功的罗振宇拥有一个成功的个人IP，而他在给罗永浩的信息当中，则透露出了罗永浩的核心IP，那就是强大的表达能力（吹牛虽然不用上税，但也是表达天赋的体现）。

作为一位演说大师，罗永浩原本是一位英语老师，并且深深痴迷于李阳的《疯狂英语》，所以他在新东方英语培训课上开始融入个人幽默风趣、生动自然的风格，并很快引起了学生的关注。那个时候，有人将课堂内容泄露到网上，罗永浩成为网络名人，他的一系列语录更是走红网络。

意外走红让罗永浩意识到了个人的优势所在，所以他开始进一步强化和推广自己的演讲，将其打造成强大的个人IP，并通过这个IP实现了身份的转换。他开始担任企业家，开始担任网络讲师，开始成为影评人和书评人，开始担任节目主持人。

在打造个人IP的过程中，其实有三个核心法则，分别是定位、卡位和占位。

定位指的就是自我定位和认知，即我们需要找到自身最大的优势，这些优势是体现个人区别于其他人的关键点，也是个人获得关注的引爆点。罗永浩的手机做的算是失败的，但是他的宣传非常成功，就是因为他打造的IP身份是讲师，而不是一个纯粹的企业家。从企业家的角度来说，他很失败，但是从讲师这个身份来说，他所做的一切都充满了魔力。

卡位指的是把握潮流和局势，借助大环境来放大自己的优势，善于卡位的人往往能够了解环境的变化和人际关系中的需求，他们知道自己应该如何表现才能让自己的优势得到强化和放大。就像曾经风靡一时的微商讲师一样，他们是互联网时代发展的产物，并且精准地把握住了微商的需求和微商文化的发展，这是他们将身份得以放大的关键因素。

占位就是对他人心智的占领，这里涉及的就是一种核心能力问题。比如，郎咸平当年曾风靡整个中国，最重要的一点就是能够用通俗易懂且风趣的语言，将枯燥、烦琐、复杂的经济学知识讲明白，所以在那个时候，你打开电脑，打开电视，打开广播，翻开书本，阅读报纸和杂志，你看到的文字和图片，听见的声音，都是郎咸平，他几乎无处不在，并且牢牢占据你的脑子和思想。

所以总结起来，一个人想要让自己变得魅力四射，那么就需要从自我定位、迎合环境趋势、占据他人心智这三个方面入手。通过这三个法则，我们可以让自己实现身份的转变和社交风格的变化，让自己在打造弱关系方面占据更大的优势。

5.
如何有效提升自己的能量场,强化影响力

做房地产的朋友韩先生曾经谈起这样一件趣事。在2004年的时候,韩先生有一次去深圳一家工厂进行商业考察,当时他准备购入一批模具制造机械。可是,因为产品的价格太高,韩先生不得已放弃了这种打算,在不知是否要继续办厂的情况下,韩先生对未来有些迷茫。当时他和朋友一同去一家饭店吃饭,刚进入饭店时,看到大厅中间站着一个人,正拿着手机与人进行通话,不知怎么回事,当时就被对方吸引住了。

在同我谈起这个陌生人时,韩先生说自己突然意识到出场的是一个不平凡的人物,对方的言语很低沉,穿着也非常一般,但是举手投足之间那种贵族气让人无法拒绝。没错,韩先生说的就是贵族气,我几乎可以想象到那种气场,一种内敛而不张扬,但是无法掩盖的气场。

也不知道是不是头脑发热,韩先生一下子就大踏步走到对方面前,然后拍了拍对方的肩膀:"你怎么在这儿,走,过去喝一

杯。"事实上，韩先生并不认识对方，而当时对方已经挂断了电话，更是一脸疑惑，礼貌地微微一笑道："先生，我们认识吗？我记不太清在哪里和您见过面了，不好意思。"

接下来，韩先生故作惊讶和狼狈，向对方道歉说自己认错人了，"如果你不介意的话，过去喝上一杯，我向你赔礼道歉。"对方微笑着婉拒了，然后就摆摆手离开了。后来韩先生吃完饭之后，才发现对方已经替自己结账了。

在那之后韩先生再也没见过这个人，但是最近两年，他从电视上突然见到了对方，这才知道他是国内非常著名的企业家。而经过这件事，韩先生突然对自身形象更为看重了，他一再强调自己需要培养强大的气场，就像那个人一样，只要站在那儿就具有强大的吸引力，就足以让很多人产生想要结识他的想法。

关于韩先生的描述以及期待，其实是社交中一个非常重要的内容：能量场。每一个人都在和外界发生联系，而这种联系通常都是互动的，存在一种力的关系，当一个人无须刻意展示就能够吸引他人关注时，就代表了能量场非常惊人。能量场和我们所说的那些"硬件"截然不同，你可以说一个有地位的人会有气场，一个有钱的人会有能量场，但真正具备强大气场的人可能并不需要这些外在的修饰。

想象一下，在你的生活中，总会遇到一些人，他们并非是权威人物，并非是身家亿万的富豪，也不是什么高级官员，但总是会有一大批人自愿地围绕在他们身边。对于发展弱关系来说，他们也不在话下，往往轻而易举就可以拿走所有的关注度。这就是能量场，他们甚至不用多说什么，不用刻意做些什么，自然会有人向他们靠拢。

和韩先生一样，我遇见过一些能量场很强大的人，也许他们的身份并不那么特别，但你总是会有一种好奇心想要去了解他们，挖掘他们身上的相关信息。有时候你大概也希望自己变成这一类人，这并非难事，至少这种独特的气质是可以培养的，你完全有机会在弱关系中展示自己独特的影响力。

能量场并不等同于个人身上的荣耀和光环，财富、权力、地位、名望在很多时候会为人加分不少，但是作为一种由内而外散发出来的能量，人们还需要实现更高级别的进化，而这些才是主导你发展和拓展弱关系的重要基础。

如果你打算让自己能量十足，气场十足，那么首先要拥有自信以及自己的生活体系。很多人都是为别人而活，而真正强大的人能够活出自己的味道，因此你需要拥有自己的主张，有自己的目标和蓝图，并且所有的经验、教训、学识、能力都会转化成具有个人特色的标签；你能够面对自己，并接受所有生活和工作中各个主题的挑战；你对于工作和事业有自己的规划，不喜欢被其他人的想法和思维主导；你总是会在会议上提出自己的设想，会在群体活动中井然有序地提出行动方案；你的生活和工作都极具个性。

想要做到这一点，那么你就不能轻易随波逐流，不能人云亦云，而要凡事多做一些自己的思考；提升做事的主动性，不要总是将责任推给别人；在遇到困难的时候，不要惊慌失措，而要时刻向他人传递一种从容的心态，告诉他人"这个问题会得到合理解决的"。

某次，我加入了本地一个登山爱好者的协会，在这个协会中，大家经常会讨论去哪儿登山，作为不那么专业的登山爱好者，多数人都不具备专业的登山知识，而且容易受到别人的影响。但有一个中年的男子每次都会在登山之前简单说一下如何制订登山计划，准备好出行的相关装备，以及一些基本的急救知识。

他的话不多，但是很容易吸引别人关注，也许是因为他高大的身材，也许是因为低沉而富有磁性的声音，也许是大家隐约感受到他丰富的专业知识。无论怎样，每次登山的时候大家更喜欢站在他身边，每一次他出现的时候，大家就会觉得很踏实，并且情不自禁地将目光转到他身上。

在生活中，我们更容易受到这一类人的影响，换句话说，一旦我们变成这种富有主见的人，也将影响到其他人。一个有主见有自信的人总是会产生一些正向的力量，会给予身边人更多正面的暗示，这种暗示无疑会带动弱关系的发展。

与这种个性相对应的是个人对于生活的一种态度，比如你必须善于发现和体验到生活的美，是一个具有独特审美的人。培养这种特质，往往需要多读书，需要多出去欣赏山川美景，懂得以美的眼光来看待生活，而不是到处留下抱怨、失落、沮丧和空洞的申诉。事实上，我们都喜欢和那些生活积极、乐观向上的人待在一起，当他们开心的时候，我们的愉悦感更容易被激发出来。

在楼下的一家餐馆里，有个男人每一次都坐在靠窗的位置，不是看外面的高楼大厦，不是看外面的车水马龙，而是看窗台上的一盆含羞草，店里那么吵，路上又那么喧嚣，他每次都看得那么专注。所以自然而然地，大家又被他的目光吸引住了。有一次我非常好奇地问店老板"这个人是谁"，老板微微一笑说："我也不知道，不过已经有十几个人来问过我了，老实讲，我也想知道他是谁。"

看起来有些奇妙，但这就是能量场的作用，通常情况下，能量和信息通常是联系在一起的，一个人告诉你他想要活到100岁，这是一个信息，而信息背后就是对生命强烈渴望和热爱的能量,站在这样的人身边,你会充满乐观,充满力量,你会觉得人生是那么的美好。在弱关系的沟通和联结中,信息是主体,但情感、价值观的联结则会让人传递更多的能量。

6.
高效运用吸引力法则的三个技巧

当年追我妻子的时候，我们还只是在一次同乡聚会上见了一面而已，后来为了接近她，我辞掉了新闻行业的工作，直接到了妻子所在的城市工作。那个时候我们整个社交群里每天都会发信息聊天，每周我会发出吃饭的邀请，为了不至于让她尴尬，我会叫上几个朋友。正因为自己有目的地建立这种连接，我们两个人从陌生人变成了朋友，然后发展成为恋人、夫妻。

我喜欢那样一句话："两个人成为夫妻或者恋人，那么必定是相互吸引的。"而这种吸引不可能真的做到心灵感应，你首先需要想办法接近对方，这是物理上的一种近距离接触，它是建立情感联结的基础。在结交朋友或者发展其他弱关系时也是一样，你应该拟定一份名单，然后圈出那些你感兴趣的人，朋友、暗恋对象、潜在的商业伙伴，或者其他任何人，你需要圈出来，然后寻找机会接近对方。

你必须先有一个明确的目标，并且对这个目标必须非常感兴趣。如果你打算吸引他人的关注，那么就必须采取行动，你不要永远都在等着别人来认识你，只有适当去接近，你才能展示自我，才能不遗余力地在你在乎的人面前表现出最大的魅力。当两个人的距离被拉近的时候，意味着你的时间、计划和金钱等成本正在减少，而效率则变得越来越高，也意味着你获得对方青睐的机会正在增加。

当然，仅仅接近还是不够的，你需要更高的曝光率。每年见到马云的人会有很多，见到贝佐斯的人也有很多，但想要彻底融入他们的朋友圈，你还需要让他们注意到你才行。所以，你应该提升曝光率，应该懂得频繁展示自己，只有你在某个群体中出现的次数越多，曝光率越高，别人才越容易注意到你的存在，这是一个非常实用的技巧。心理学家罗伯特·扎乔克提出了曝光效应，这个效应强调的就是个人越是过多地暴露在客观事物以及个体面前，就越是容易产生积极的感受，也越容易赢得关注。

在过去三年，我对参与江西中小企业协会的成员发起了一次调查，看看成员之间对谁的认可度最高，或者对谁的印象最深。结果连续三年来，有五六名成员被认同的分数是最高的，而这五六个人在过去三年来出席会议的次数最多，发表的演说也最多，不仅如此这些人在整个协会中的朋友也是最多的。

同样地，我将这个实验搬到登山爱好者协会当中，结果也差不多，那些平时表现出众，而且几乎每一次登山活动都不会缺席的人往往更容易被他人记住，也更容易赢得他人的认同，他们在整个协会中的人脉是最广的。

事情非常明显，更高的曝光率意味着更高的吸引力，这种曝光率包含了出现的频次、能力的展示以及社交中的表现，但总的来说，人们更容易对那些频繁出现在眼前的人产生亲切感。就像有一段时间，你会不由自主地想要和那些清洁工阿姨打声招呼，在人来人往中，也许她们是你每天见到的熟悉的陌生人。

吸引力有时候是非常纯粹的东西，你无法说清什么理由，但它的确在影响你对人际关系的处理和判断。或者可以说人本身就是视觉系的生物体，对于自己看到的东西往往深信不疑，视觉往往会决定我们的惯性思维，所以如果你问我在一大堆陌生人当中最想要结交谁，我必定会选择那些看起来眼熟的。同样地，如果我打算在一个相对陌生的环境或者群体中赢得更多的关注，想要让自己看上去更具吸引力，那么最好的方式就是更多地曝光自己，不要总是把自己封闭起来，也不要觉得不好意思，如果有一个机会让大家认识自己，那就大胆地去表现。

比如不要害怕表达，主动谈论自己的观点和看法，平时多参加一些群体内的活动，即便和大家都不认识，但你要表现出强大的融入感和仪式感，你需要把自己放在一个显眼的位置上，而不是躲在角落里看着别人。在网络社交平台上也是如此，每天都准时出现的人总是要比那些经常缺席的人更受欢迎。

另外还有一点也非常重要，如果你打算和某个人建立弱关系连接，那么就要想办法成为像对方一样的人，简单来说，你在保持个性的前提下，要在价值观、思想、兴趣爱好、审美眼光上和对方相接近。投其所好是社交中的一个重要技巧，是你引起关注的有效方法，更多的相似度意味着更多的共同语言，意味着更强烈的亲近感。

我曾经想要认识一位京剧大师，为此特意去学习了几个月的京剧，虽然唱得还是不好，但是对于京剧的相关知识有了更深的了解。在一次活动上，我见到了这位京剧大师，并且还向他请教了一些京剧问题，大师见了我非常开心，觉得我的这些问题也非常有意思，所以两个人很快就热聊起来。在那之后，我们就成为很要好的朋友，我经常向他请教和学习，而他也乐于同我分享一些关于京剧的文化趣事。

相似度高的人通常都具有相互吸引的特性，情感越丰富的生命体，这种倾向也就越明显。不妨想象一下，当你第一次出现在一个派对或者活动上，你可能会找几个陌生人聊聊天，大家会建立起最基本的连接，这个时候对彼此的个性也有了一定的了解。那么当下一次再次展开类似的社交活动时，和你坐在一起的人往往是和你比较类似的那些人，你们在下一次继续同桌的概率会更大。

当然，无论是主动接近那些感兴趣的人，还是提升曝光率，抑或者增加与他人之间的相似点，并不都是万能的。每一种方法和技巧都有局限性，而且需要结合不同的场景来使用，但如果将这三个技巧综合起来分析，那么个人在弱关系连接中无疑将会更加顺利一些。

7.
快速回应，在他人面前建立好的印象

有个老外想要在中国办一个英语补习班，他找到了我们公司咨询，但这并不是我们擅长的，对于这一类培训班，我们也没有什么经验，以为老外找错地方了。在接二连三被拒绝和冷落之后，老外有些尴尬，但同事小李却在第一时间应承下来，说可以帮忙问一问。几天之后，他就找到了一个办英语培训班的朋友，然后将开办培训班的相关手续、流程以及配置告诉这个老外。

多年来，小李一直都拥有好人缘，无论是朋友、同事，还是其他一些陌生人，只要有人提出什么问题和要求，他都会快速做出回应，即便自己做不到的，他也会想方设法提供一些建议，这种热心肠无疑让他在社交上如鱼得水。

在生活中，那些拥有良好弱关系的人往往具有几个特征：第一个就是自己的能力很强，且具有一定社交才能，因此具备出色的吸引力；第二个是自己非常喜欢社交，喜欢认识新的朋友；第三个就是人缘很好，对他人的请求能够给予积极回应。其中第三个特征也是人们经常忽略的一点。

比如，我们经常会遇到别人问路的情况，这个时候是如何做出应答的呢？

有些人会不闻不问，装作没听见，他们根本不打算理会这些问路人，这是典型的"不想和陌生人说话"，也许他们担心对方只是借着问路的名义进行推销或者诈骗；有些人会直接回答说"不知道"，目的就是为了直接让对方知难而退，不要干扰自己；有些人会回答"往前走走就到了"，这是比较明显的敷衍，对于往前走还需要走多长时间，大概多少路程，走到哪里（有没有什么地标建筑作为参考），有没有转弯之类的重要信息，一点也没有给出。

这一类回答往往都会让人产生反感心理，我的一位同事曾经在街头做过类似的实验，他对那些回答者做过调查，发现那些排斥和敷衍的回答者往往都面临着社交障碍，他们的生活和工作中并不怎么讨人喜欢，他们还经常因为人际关系问题而遭遇各种烦恼。自然而然，他们在弱关系上面获得的帮助也很少，或者说他们的弱关系发展情况很糟糕。

在社交中，人们所表现出来的态度往往很重要，尤其是在弱关系的拓展和经营中，个人的表现以及态度直接影响了自己的形象，类似于互动和回应之类的情况往往最能够体现个人的社交性向。比如当人们在与陌生人交谈的时候，总是表现得排斥、防备和冷漠，那么对方通常都会认为你在误解或者瞧不起他，甚至觉得你是一个缺乏修养的人。而那些出色的弱关系经营者，往往会表现出热情的一面，他们会在互动中做出快速的回应，确保双防始终处于良性的社交模式之中。

善于把握好人际关系的人，往往会在社交中呈现出自己的热情和修养，他们未必是社交中的主动者，但一定是愿意进行良性互动的人。我曾听一位美国朋友在一家咖啡厅里谈论他在哥伦比亚大学的导师，这个老教授每周都会来几次这家咖啡厅，然后顺便带上吉他弹几首曲子，这里的店员和老顾客都认识他，他们总是会向他请教一些哲学问题。朋友说，老教授有一个习惯，那就是有求必应，一些外校的学生甚至来咖啡厅里向他请教学术问题。后来，我在一本哥伦比亚大学的校内杂志上看到一篇文章，说这个老教授和奥巴马总统、大明星布拉德·皮特，以及不少歌手都有交情，作为一名学者和教师，他的人脉关系的确很广。

态度是弱关系社交中很重要的一项内容，鉴于弱关系的敏感性和脆弱性，我们在建立连接时通常都比较谨慎，个人的情绪表达、个人的状态和态度都可能会成为影响他人状态的关键因素，也会成为弱关系发展的潜在破坏因子。因此，我们必须在弱关系连接中注意控制好自己的态度，而首要的一点就是社交的积极性，这直接体现出了个人社交的意愿，也会影响到他人对你的看法。

社交中最重要的一个概念是什么？互动。而互动的关键在于能够给予必要的回应，能够体现出沟通的强烈意愿以及对对方的尊重。这里强调的快速回应实际上包含了几个方面的内容：第一点是内容回复，对他人的问题进行必要的回答，你必须提供有价值的信息作为回复；第二点，对他人的问题给予及时的回应，这里主要强调的是互动时效性，在第一时间给予对方必要的回应，它体现出来的是对他人态度的一种尊重。总的来说，积极互动再加上能够提供有价值的信息，这样的表现自然可以确保弱关系连接更加高效。

在大学期间，学校曾经做过一项实验，让几个不同的老师给学生们讲课一个月，在讲课期间，学生们可以和这些老师随意进行交流。结果一个月之后，学校公布了学生对这几位老师的评分，结果能力最强、学识最丰富的老教授得分最低，而一些年轻的、善于交流的老师反而得分都很高。学校在进行调查之后，发现老教授的一个缺陷在于沟通能力欠缺，他们没有像其他人一样对于学生的提问给予及时的解答。

这并非是一个简单的教学问题，而更像是一个社交问题，如果将这样的场景搬到普通的弱关系连接中,那么老教授可能更容易被大家排斥和冷落。很显然,弱关系需要强大的沟通能力和良好的沟通态度来支撑。

第五章

正确理解和
运用弱关系

1.
如何重组朋友圈，拓展核心人脉

有个朋友在26岁的时候，就坐到了部门经理的位置，可是一直到了32岁，他也没有再往上升一级，对此他非常疑惑，同一期的很多人已经爬到经理甚至副总的位置上了。有一天他找我诉苦，说自己多年来一直都在精心经营人际关系，自认为和公司里的领导、同事以及客户关系都不错，为什么每一次职位晋升都轮不到自己。

在简单攀谈之后，我意识到他最大的问题在于人脉关系的杂乱无章，到了32岁还在进行一些无效社交以及低价值社交。此外，他最大的问题在于核心资源的老化，这些核心人脉已经不能够像过去那样为他提供助力了，这也是他出现职业瓶颈的原因。如果他能够集中精力拓展自己的核心人脉，那么问题将会迎刃而解。所以，我建议他对自己的人脉圈和朋友圈进行重组，想办法维持住原有的核心资源，然后动用弱关系来发展一些新的核心资源。

经常会听见有人说自己卡里的手机号码十年都没有出现变动了，自己的微信朋友圈也永远都是十年前的老友，自己平时一同吃饭的也都是一些老熟人，这些人的价值已经发挥得差不多了，他们在工作或者生活方面能够提供的帮助已经到了一个顶点。如果我们想要有所突破，就要懂得接收新的能量，需要挖掘出新的核心人脉。

学术界并没有强调过"人脉重组"这个词汇，但它确实非常重要，考虑到人的一生都在认识朋友，进入新的圈子，并且被这些圈子束缚住，之后又试图打破这些圈子，我们的确需要让自己去认识更多的新人，需要从弱关系中发展新的核心人脉资源，而这一切就需要依靠一次又一次的人脉重组来实现。

所谓人脉重组，顾名思义就是将自己原有的人脉关系进行整合，打造一个新的人脉网络。在这里，我将其划分成三个部分。首先，重组的过程中一定要懂得"去旧"，即淘汰一部分不怎么联系且没有太多价值的人脉。你认识的很多人当中，并不都是有价值的，诸如酒肉朋友、闲聊的网友，以及一些几年也不联系的同学，或者见面也没几句话好说的熟人。告别低价值社交或者无效社交，首先就要来一次"清除行动"，将不合用的东西清理出去，腾出空间来迎接新东西。

我的想法是五年，每隔五年时间，我们就可以对自己的人脉进行一次微调。你需要对五年时间里经营的人脉关系进行复查，看看谁适合继续交往，谁适合强化关系，谁已经淡出核心人脉圈，这样的整合与清理工作很有必要，不仅保留了核心人脉，还可以将自己从无意义的人脉和社交活动中解放出来。

一些企业家每隔几年都会调整自己的通讯录，将很多不联系的人删除，或者设置一个名单分类，将不同的人按照亲疏关系和价值大小进行划分，将重要的人列在前面，不怎么交往也没有什么业务往来的人靠后。这种方式能够帮助他们减少很多不必要的社交活动，提升生活和工作的时间利用率。

除了清理旧关系之外，朋友圈需要纳入更多的新资源，简单来说，你需要认识新人，需要拓展弱关系。重点是每一次的清理工作都会使你更加明确自己的社交方向，你需要找到一些更有价值的人脉来经营人生。所以真正的接纳和吸收，本质上就是对核心人脉的拓展，即你需要重点吸收弱关系中的优质资源来补充核心人脉，然后将最重要的强关系和最有价值的弱关系放在首位。

核心人脉往往决定了个人的发展高度，但是长时间待在一个圈子里，我们的成长速度和高度都会受到限制，你身边的朋友大致处于什么水平，你基本上也就处于那个位置上。你身边最亲密的六个朋友收入的平均数，基本上就是你的收入水准，你身边人的职业、能力、地位、权力基本上也和你大致位于同一阶梯上。

所以，一旦你意识到自己无法再获得突破了，那么就要懂得为自己的核心圈子注入新的力量。比如蒙牛的老总牛根生在离开伊利公司之后，最缺的不是技术和钱，而是缺人，所以他就直接对自己的朋友圈进行了重组和更新，即在参加各种社交活动时，把握住了更多的优质弱关系，吸纳了更多优秀的人脉进入自己的圈子。所以，牛根生才能够在几乎一无所有的条件下，快速创立蒙牛品牌，并且与伊利公司分庭抗礼。

我们需要记住一点，你的朋友圈需要更新，你的核心人脉需要不断变动，而增加一些新的力量无疑会让自己获得更多的发展信息和渠道。比如，我们在上大学的时候，核心人脉大都集中在家庭和学校，家里可以为我们提供更多更好的学习条件，而学校能够提供更多锻炼和成长的空间。一旦离开学校之后，我们的人脉将会变得更加社会化，个人原有的核心人脉可能作用会相对降低，很多原有的核心人物甚至无法像过去一样产生作用。这个时候，我们需要在社会上发展新的人脉关系，尤其是先要拓展新的核心人脉。

总的来说，每一个人都处于进步当中，因此我们需要让自己的朋友圈也不断进化，清理那些无价值的人脉，把握原有的高质量人脉，然后挖掘那些自己期待的重要人脉，让自己的人际关系始终处于良性的发展状态。

2.
获取健康人际关系的底层规则

公司里有个小伙子最近非常郁闷，他原本好心好意帮助新来的上级领导做参考，帮忙制定一些新项目的规划方案和决策，希望借此打好双方的关系基础，却不料遭到了领导的冷落。他有些愤愤不平地向我诉苦，同时也担心自己在公司里待不下去了，因为上级领导似乎有意和自己作对，否则也不至于对自己的一番好意冷眼相待。

我听他将事情的大概描述了一遍，告诉他情况并没有想象中的那么糟糕，但他以后必须注意自己的言行举止，因为这一次的问题在于他越位了。"越位"实际上是一个足球运动中的专业术语，越位的球员明显违背了运动规则，他们的进球也会被迫取消。在社交中同样存在越位的说法，这里所指的越位主要是说人们越过心理边界，对他人形成了压力。一段健康的人际关系，往往拥有一个稳定的可行的秩序和边界，这个秩序和边界的存在并不一定就是标准，但人们多数时候必须遵守，这是一个基本的社交规则。除非人们打算退出或者放弃一段关系，否则绝对不要轻易去越过边界，以免引起人际关系上的紧张。

比如很多恋人之间会相互监督和跟踪，对方无论去哪儿，买了什么产品，和谁交谈，发了什么信息，都要一一调查清楚，结果两个人之间的关系越来越僵。其实，这就是一种越位行为，你已经侵犯了对方的生活隐私，对他的生活构成了一定程度的破坏和威胁。简单来说，类似的越界行为就是不尊重他人边界的表现，你想要控制他人，干涉他人的自由生活，这无疑会对双方的关系产生严重的破坏。

我见识过很多出色的人在生活中是如何遭遇失败的，他们的问题在于太过自负，对其他人根本不放心，总是有意无意地指指点点，对他人的行动下达各种指令，告诉对方应该这样做或者必须那样做。他们仍旧带有那种家长式的观念，并且擅自替他人做主。如果他们能够意识到自己正过高低估计了自己在弱关系中的作用，过分估计了自己在弱关系中扮演的角色，就不会做出这样愚蠢的事情了。

有一些人则不断挑战自己的极限，什么事情都想要做到最好，他期望有所改变，期待着一切都变得完美。他无法容忍自己的工作报告不够完美，所以一次次修改；他无法容忍自己没有将工作做好，所以一次次推倒重来；他担心自己会被排斥和拒绝，因此不断修饰自己的形象，不断强调自己的表现还不够好，而这实际上是对个人边界的侵犯。一个聪明人应该懂得自己什么能做，什么不能做，什么能够做到，什么无法做到，总有一些事情是自己无法完成的，如果一味强迫自己成为完人，无疑会破坏自己的边界。这也是一种特殊的越位。

有一位知名的企业家曾经找到股神巴菲特和他的老伙计芒格，希望他们可以投资自己的公司和业务，可是在分析这个人的做事方式之后，两个人说了这样一句话："我宁可招聘一个智商130，但以为自己是120的雇员，也不喜欢招聘一个智商高达150，却以为自己智商170的雇员。"很显然，两人都不喜欢这个企业家不计后果的冒险精神，他们觉得对方太过于自信而失去了对个人边界的管控，所以一直都对这个企业家存有不好的印象。

在个人越位的形式当中，对个人边界的侵犯和越位通常容易被人忽略，没人觉得这是一个问题，他们会觉得自己正在接受挑战，正在试图让自己变得更加优秀，他们非常渴望借助无所不能的形象来打开人脉市场，建立更优质的弱关系连接，殊不知这种越界行为本身就是自我形象的毁灭——越是想要无所不能，反而越是一种无能。

还有一种边界也很重要，这就是身份边界，我们需要意识到自己是群体中的一员，自己的言行举止都会对其他人产生影响，因此不能做一些太出格的事，不能说出格的话，要对自己的言行负责。就像很多人经常会在社交媒体上大放厥词，对各种社会现象进行无脑的批判一样，他们经常会认为这是个人自由表达的权利，是个人展示自我的机会，却不知道他们除了对自己负责，还需要对其他人负责，你不能够在网络或者其他平台上发布违反网络道德和社会规范的内容。

最后一种就是死守边界的顽固主义，这一类人往往缺乏应变能力，对规则的运用缺乏弹性，凡事只懂得按照规矩和章程办事，却没有想过要针对具体问题进行具体分析。在处理人际关系方面，这些人缺乏灵活性，容易与周围的人发生冲突，在弱关系的拓展和经营方面往往会四处碰壁。

比如，公司经理准备让管理资料库房的职员替自己整理一份客户资料出来，因为这个客户下午就到，经理需要在接待之前做一些更加全面的了解。可是职员却当面拒绝了，因为公司的老总今天早上让他尽快将本月的工作资料和文件进行整理和归档保存，所以他觉得应该先做完大领导安排的任务。经理表示文件归档的事情并不急于一时，自己眼下的工作非常重要，希望职员能够知道轻重缓急，可是职员依然面露难色，因为老总也吩咐过"这几天先不要做其他事，把这个文件归档了再说"。职员的态度让经理非常生气，他觉得对方故意借着老总的威望打击自己，所以对此耿耿于怀。

其实仔细想来，职员完全可以适当变通，先解决经理的重要问题，然后再抽时间进行文件归档，但是死守老总指令的他确定了"老总的指令最大"这一原则，而这一做法也让他最终得罪了经理。在日常生活中，我们经常会犯下类似的错误，尤其在弱关系的拓展中，有的人容易死守原则而导致边界过于僵硬，影响人际关系的正常疏通。

而无论是死守边界，还是前面的对个人和他人边界的混淆，本质上都是因为对边界认识不清，而弱关系往往非常看重对边界的处理，如果我们无法在这一方面进行合理处置，那么弱关系的拓展将会遇到大麻烦。

3.
挖掘存量人脉价值,提升增量人脉

我父亲之前在某银行里存了十几年的钱,每一次都是办完存款手续就离开,对于银行理财产品并不关心,银行也很少向他推荐这些产品。可是最近一段时间,这家银行的工作人员变得更加热心,每次父亲去存钱都会额外赠送一些雨伞、纸巾之类的小礼物,银行的工作人员和他也渐渐熟识起来。这个时候他对于银行的兴趣开始增加,并且将其他银行里的钱也取出来存入这家银行,而银行则顺利地挖掘出了他身上的价值。

在这个案例中,银行的做法涉及了一个重要的术语:存量人脉,在银行业即指存量客户。什么是存量人脉,简单来说就是你的老朋友、老熟人,以及已经建立连接的那些人,他们在你的电话通讯录上,你们已经有过各种交流和接触了。这些人是你社交的主要方向,但是你不可能每个人都了解,不可能每个人都建立了深度连接,其中的很多人脉还没有开发出很多价值。

银行重视的是什么?就是存量客户,这些人往往是存款和贷款的主力军，也是购买理财产品的合适人选。比如，银行的负责人通常每年都会走访或者联系那些存款额比较大的客户，以确保这种合作关系能够长时间维持下去。但是，一些进出账目比较大的客户以及一些有一定经济实力的客户也会成为优先走访的对象，这些客户是提升银行业绩的关键人物。他们的人数大约为总储户的20%，并直接为银行贡献了80%的资产。所以，银行里的存量人脉价值非常大，银行一般都会要求员工做存量客户管理，重点把握那些关键的弱关系人脉，然后在想办法从另外80%的客户中挖掘出更多的价值。

如何挽留这些存量客户呢？银行的做法比较直接，那就是提升优惠力度，给予老客户更多优惠和福利，比如给予更高的存款利率，或者提供一些更便捷的服务。一旦存量客户对这些便利和优惠措施形成一种固定认知，那么就会对银行产生更大的信任和依赖，就像我父亲那样。

银行的做法实际上和我们日常的社交差不多，我们大都拥有自己的存量人脉，他们构成了社交价值的主体，但是这些存量人脉往往都是没有开发殆尽的，只要深度挖掘，还是能够挖掘出更多价值的。比如，现在很多人热衷于搞同学聚会，几乎每隔几年就要聚一次，很大一部分原因也是出于对存量人脉价值的挖掘，因为每个人都在变动，每个人的价值可能也会不断提升。有的人从小职员成长为管理者，有的人从小企业家变成大公司的老总，有的人从科长变成了局长。人的成长也就促进了价值的提升，这种变化实际上就是存量人脉的二次开发。还有很多人是你此前没有深度联系的，他们也是很好的人脉资源。

因此，对现有的人脉资源，我们要重点把握和经营，构建现有社交体系的基础和保障。我们可以在自己现有的强关系圈和弱关系圈中进行搜寻，找到适合自己的优质人脉，挖掘那些价值增长的个体和拥有发展潜力的潜力股。除此之外，我们需要谋求更高的发展，需要拓展自己的社交空间，发展更多的弱关系，因此还需要提升增量人脉。增量人脉是变动的、增加的，它与存量人脉相对应，主要是指人脉的增加和拓展。需要注意的是，增量人脉是新增加的人脉减去淘汰的人脉。

就像上面讲到的银行一样，存量客户享受到了更好的服务之后，可能就会免费进行宣传，告知其他人这家银行的优势。这种借助存量人脉来拓展增量人脉的做法比较普遍，也是个人社交中比较常用的方法，就是依靠强关系来发展弱关系。提升增量人脉的关键在于培养出增量思维，即意识到开拓弱关系的重要性，而不是死守着自己社交圈的一亩三分地。

当代社交的一个特点就是求新求变，这与弱关系的发展模式相呼应，如果你打算让自己的社交面更广一些，让自己的社交层次更上一层楼，那么就要突破现有的存量人脉，去提升更多的增量人脉,即在减少个人无效社交的前提下,增加更多有效社交。石油大亨洛克菲勒让儿子每个月都要认识几个新朋友,并删除一些不良的损友,其实看重的就是增量人脉的价值。

对于存量人脉的价值挖掘,以及对增量人脉的提升,本质上就是一种人脉资源的优势组合,这种组合在不断吸收外来的新能量。总的来说,它主要包含了三方面的内容:第一,就是对存量人脉中被忽视的人脉资源进行价值挖掘,对原有的人脉关系进行二次开发;第二,就是对存量人脉中低价值或者无价值的人脉进行淘汰和清理,确保不陷入无效社交之中;第三,就是不断吸纳外界的新资源,拓展弱关系中的优质人脉。只有将这三者结合起来,才能形成一个稳定的、持续发展的弱关系体系。

4.
适当走出社交舒适区

十年前的一个清晨,母亲因为急性阑尾炎被送进医院。由于春节期间,医院没有多余的床位,而且医院的人手也明显不够,父亲很着急,让我联系一下熟人,看看有没有同学或者朋友在医院里上班的。我拿着通讯录翻来覆去地看了看,也想不起来谁在医院上班,平时那些经常联系的朋友似乎也没有认识的熟人在医院上班。

能问的都问了,能找的也都找了,问题还是没能得到解决。就在大家不知所措的时候,我发现自己遗漏了一个人,他曾是我高中的校友,在之前的校友微信圈中他好像提到过自己曾在医院附近开过药店,我觉得他可能认识医院的某些领导和医生。可实际上我们之间并不熟识,我甚至连他叫什么名字也不清楚,而我也没有向陌生人求助的习惯,总是觉得这样去求陌生人还是有些尴尬。但是事情出乎意料的顺利,当我硬着头皮打电话过去之后,对方果然很快就找到医院的熟人帮忙解决了问题。

在很多时候，我们很容易陷入自己的社交舒适圈中，我们不喜欢见到陌生人，不喜欢和陌生人说话，不喜欢接纳更多的陌生人进入生活圈子。我们可能还有其他一些社交特征，比如喜欢和那些顺着自己说话的人在一起，喜欢和那些有共同兴趣爱好的人进行连接，喜欢和那些说话温柔且更加委婉的人进行沟通。这是为什么？你可以说是社交习惯，但更多的就是一种舒适区，简单来说就是我们通常都会选择那些对自己发展有利，或者迎合自己需求的社交环境。

而当我们将自己封闭在一个完全迎合自己的社交环境中时，必定会对外界的社交空间产生抵触和排斥。我的侄子今年15岁了，可是却很少愿意出去结交朋友，因为他担心外边的人不像家里人那样包容他，也不像之前的那些好朋友那样事事顺着他。这是比较典型的社交恐惧症，本质就是不愿意走出自己固有的社交圈。

这是比较极端的现象，一些普通人也会拥有自己的舒适区，有的人不喜欢倾听，凡是那些喜欢说话的人都会让他们感到不适应；有的人天生内敛，不喜欢和那些直来直往的人在一起，他们理想的谈话模式是两个相对沉默寡言的人在一起，偶尔说几句话；有的人习惯了别人先对自己打招呼，或者先主动联系自己，让他们主动去和别人建立连接，可能会让他们感到为难。

建立社交舒适区是个人自我保护心理的一种反应，通常出现在一些性格内敛的人身上，他们担心自己受到外界的伤害，就会想办法划定一些舒适区，而这样的舒适区对于弱关系的拓展有着很大的制约，因为按照人们的社交标准和逻辑思维，可能会有大量优质人脉被挡在社交圈之外。

拥有社交舒适圈的人无法应对社交中出现的困难，也无法解决社交中的一些冲突，他们会因为害怕卷入冲突而拒绝和那些持有不同想法的人进行交流，尽管这些人可能拥有很强的逻辑思维能力和丰富的知识。博恩·崔西写过一本名为《吃掉那只青蛙》的书，在里面他提出了一个有趣的观点："如果你每天早上醒来做的第一件事情是吃掉一只活的青蛙，你就会欣喜地发现，在这一天接下来的时间里，将没有什么比这个更糟糕的事情了。"在社交中，我们应该想办法迎接那些潜在的干扰因子，主动接受挑战，避免一辈子困在舒适区内。

我认识一个余杭的老总，这是一个刚刚40出头的企业家，能力出众，身家不菲，事业也做得非常大，国内很多城市中都有他开的连锁店，并且已经开始谋划者将店面开到欧美国家去。可是这个老总有一个问题，他不喜欢和外国人沟通，也不喜欢在外国人面前开口说话，他几乎不认识什么外国合作商。实际上他的英语水平很高，只不过在表达上有一些瑕疵，那就是口音非常重，所以很多人都在背地里谈论他说的是一口正宗的余杭英语。

这样的缺陷使得他对于外语表达非常顾忌,对接触外国人也有一些不自信。

社交舒适区往往会磨掉个人拓展弱关系的意愿,所以走出社交舒适区刻不容缓。简单来说,就是自己越是排斥什么、不喜欢什么,就越是要努力去面对和接受什么,就越是要想办法克服自己的恐惧。非常依赖团队的人可以尝试着走出团队,与圈外人打交道,或者在外人面前独自完成任务;害怕见到陌生人的可以更多地出现在陌生场合,勇敢表达自己的意见;不习惯在别人面前做某事的人,可以更多地要求自己在他人面前做这些事情。

在必要的时候,你需要包容他人的观点和兴趣,需要包容他人的能力和水平,需要包容他人的差异和另类。认识新的人,建立新的连接,接触新的信息,无论如何,你需要勇敢地迈出第一步,将自己暴露在所害怕的人与事面前,一次、二次、三次。当你强迫自己形成一种行为习惯时,你才能真正走出舒适区。在这一个过程中,做好情绪发现和情绪管理工作非常重要,你需要正确地引导自己的情绪进入一个可控的、积极的状态,而不是任由它来操纵你去破坏即将完成的连接。

总的来说,每一个人都是需要成长的,每一个人的社会关系也是需要成长的,而走出舒适区就是一种成长。

5.
有时候,你的精神感受至关重要

有个企业家朋友在2016年的时候卖掉了自己的公司,然后将所有的投资全部转让给其他人,自己宣布提前退休,并且购买了一张前往阿根廷的飞机票,在那儿他要坐轮船前往南极。这一次,他和一群特殊的"驴友"前往南极度假,和一些素昧平生的冒险者待在一起,他第一次感受到了生活的美好意义。

回来之后,他说:"和这些人在一起的时候,自己会更加放松。没有商场上的勾心斗角,没有各种虚情假意的应酬,每一个人都如此平淡而真实,你完全不需要伪装自己,不需要担心有人会给你提出各种无礼的要求,我们是最纯粹的沟通者。这是我第一次如此开心地认识一些新朋友,这是从未有过的感觉。"

看得出来他很开心,而从他的经历中,我挖掘出了一些更有意思的东西,那就是我们究竟是如何看待和经营自己的弱关系的。比如,多数时候,在发展弱关系的过程中,价值、利益、需求都是重点考虑的因素,新认识的客户,新认识的其他业主,新认识的律师和医生，新认识的合伙人，似乎每一次的弱关系拓展都或多或少带有一些利益成分，尽管我们很多时候并不愿意承认这一点，但以这样的目的去认识其他的人，已经成为一个惯例。这并不能说一定就是一个不好的现象，只能说人们对于利益的看重反而让他们忽略了社交上一些内在的东西，那就是一个人的感受，简单来说就是你在弱关系开拓中的精神体验和情绪感受。

我的朋友有一次带我去见一个重要的客户，他反复强调这个客户对我公司下一阶段的发展至关重要，我知道这不过是借口而已。从第一眼见到对方开始，我的感觉就不太好，他的穿着打扮，他的谈吐和动作，他那目空一切的表情，这些都让我在沙发上坐得非常难受。所以，见了第一次面之后，我就直接打消了合作的念头，因为这个人让我感到不舒服，我们之间的合作大概也不会愉快。

尽管事后朋友批评我太过于感情用事了，但我仍旧纠结于自己的感受，而且我认为这样的感受非常重要。我想说的是，在生活中，你会遇到形形色色的人，会遭遇各种弱关系联结的机会，你渴望有人满足自身的利益，渴望有人为你解决一些难题，但这并不意味着迁就。弱关系的拓展并不都是为了信息或者价值服务的，个人的情感需求同样非常重要。在强关系中，我们希望获得归属感和亲切感，而在弱关系中，我们则希望自己处在一个让人感到轻松自在的状态中。

在弱关系拓展中，个人感受往往是一个重要的考核标准，我们常常会因为个人的不良感受而导致弱关系变得更僵。当你认为你的客户是一个过于贪婪的人时，你与对方合作的欲望就会降低；当你每次都感觉到整个群体的氛围有些僵时，你不太可能会在这个群体内与人发展朋友关系；当你意识到自己和某人相处时有些尴尬和别扭，那么你们多半不太喜欢进一步发展这种弱关系。

这种状态对于弱关系的持续发展有很大的影响，从某种意义上来说，如何判断一种弱关系对我们有利或不利？最直接的方式就是感受，这种感受不仅仅在于物质上能否得到满足，还在于个人的价值是否得到彰显，个人的情绪是否能够处在一个快乐的状态。当你进入一个陌生的环境中，如果工资待遇令人不满意，工作氛围不和谐，个人存在感很低，能力的施展受到抑制，大家对你不够友好，或者大家的价值观有严重的问题，那么就要想办法及时离开，因为这样的弱关系持续下去只会给你带来更多的负能量。

在2017年的时候，我曾前往美国加利福尼亚参加一次有关社会心理学的学术研讨会议，当时在座的有很多都是学术界世界级别的精英，他们都是非常出色的人，谈论的也是非常出色的观点。但在会议后我的感觉不太好，具体也说不上来哪里不好，就是觉得所有的人都很怪，整体的氛围也不太稳定，而且大家似乎都有一些排外的情绪。来自哈佛大学的史蒂芬先生，原本是我此行想要认识的一个教授，他是我导师的一个朋友，可是在听过发言之后，我打消了这个念头。直觉告诉我这一次研讨会彻底结束了，而且我应该很快忘掉它。

我并不确定认识史蒂芬先生会不会比不认识他更加幸运，只是类似的弱关系让我感觉到有些疏远和迷惑，而这种感觉在生活的其他方面也可能会遇到，就像你本能地会看到某一个人很顺眼，而另外一个人让你感到心慌和不踏实，尽管你们只是简单地交谈了一次或者两次。

在弱关系中，人们对于直觉的依赖性往往要更加强烈一些，这一点不同于强关系，因为强关系有着更多共同点作为牵绊，你对于他人感觉的好坏有时候并不会轻易改变你们之间的关系，但在弱关系中，一旦你感觉不太对，那么就应该趁早远离，你没有必要在一份令自己感到为难且不适的关系中纠缠不休。

6.
弱关系实际上是价值投资和能力投资

大约在十年前,我那个时候打算认识一些浙江商会的负责人,于是只身跑到杭州去。有一天,我在熟人的介绍下见到了商会中的一个大人物(至少当时我是这么觉得的,但其实他还是一个商会的普通会员),我在见面之后,直接非常唐突地告诉了对方想要写一篇关于浙商的文章,希望获得一些更有价值的资料,因此想要认识更多的人。

对方倒是非常热情地带我在本地转了转,可是始终没有提到采访的事情,也没有带我去他们的会议中心和大本营了解更多的情况。浪费了大半天之后,我就再也没有见过这个会员了,由于没有人带路,我连商会大楼也进不去。

回去之后,我给商会的信箱里接连寄去了几封信,介绍自己的来意,并希望有机会更加完整地认识和介绍他们,但都石沉大海。这是一次彻彻底底的失败,我甚至感觉自己非常傻。后来,我的导师在谈论起我的这一件糗事时,说了这样一句话:"你还没展示出能够说服他们接受采访的能力呢,别人哪会浪费时间同你见面啊!"

这些话无疑有些让我感到自尊受伤,但我也意识到一个问题,无论如何,人们都必须承认一个现实,那就是弱关系常常是一次价值投资。你想要让这份关系更有价值,想要认识更有价值的人,那么首先你需要展示自己的价值和能力,这是你需要付出的东西。就像我们普通人一样,不可能有机会去参加乌镇饭局,和那些互联网大佬坐在一起把酒言欢;也没有资格在达沃斯论坛上,同那些伟大的经济学家和企业家一起指点江山;自然而然,也没有机会拿着自己的企划方案走进贝佐斯的办公室。

显而易见,你所期待的那些弱关系最终基本上都被束缚在自己的能力范畴之内,你有一大本名单,你有很多想要优先认识的人,但最终决定你是否会成功的绝对不是运气,而是实力和价值。在弱关系的连接和建立过程中,个人能力往往不可忽视,用一个简单的例子来描述:个人能力是1,人脉是1后面的0,只有先确定好1的位置,后面的0才能体现出社交的价值。一个人如果不具备能力,那么即便认识的人再多也无济于事,因为没有1的话,一个0和一万个0本质上并没有差别。

所以,你的价值至关重要,这是撬开弱关系大门的一张通行证。你不会无缘无故想要认识某个人,而别人也不会无缘无故想要认识你,价值是人际关系中的一个重要桥梁,特别是在弱关系连接当中,能力和价值常常是不可或缺的。

比如,著名的投资公司伯克希尔曾经投资了比亚迪公司,这让比亚迪成为当时中国最风光的企业之一,伯克希尔的掌门人巴菲特以及他的老搭档查理·芒格之所以愿意和比亚迪的老总王传福合作,主要就在于他们认为王传福有着出色的商业头脑和精准的商业定位,在新能源汽车发展方面,王传福比特斯拉的埃隆·马斯克更加令人放心。芒格非常喜欢比亚迪这样的公司,对他而言,比亚迪类似于一家风险投资公司,而它的领导者是一个非常踏实且有远见的人,它在中国市场的布局非常成功。

有本书叫《Give and Take: A Revolutionary Approach to Success》,中文译名是《沃顿商学院最受欢迎的成功课》,在这本书中,作者谈到了人际网络中常见的三种人:第一种是Giver(给予者),第二种是Taker(接受者),第三种是Matcher(匹配者),其中Giver能够给其他人带来更多的社交价值,并确保其他人提升社交的欲望和积极性。从这一方面来说,Giver实际上非常注重自我价值的展示,他们在弱关系的连接和经营当中,非常注重自我的展示。对他们而言,个人价值越高,那么对于弱关系的吸引力就越强大,反过来说,从他人那儿获得的价值也会相应地越高。

英国科学家法拉第在发明电磁感应的时候，就意识到这会是一项伟大的发明，但是其他人并不这么看，无论是企业家、商人，还是政府官员，都不打算为这些研究投入资金，在他们看来这是一项无用的投资，而他们对法拉第也不认识。

由于缺乏研发资金，法拉第让助手去首相府申请获得一笔资金，助手兴致勃勃地介绍了电磁感应的相关原理，但是首相对此漠不关心。他觉得这位助手一定是疯了，毕竟如果谁都能够轻易从这里要到钱的话，那么整个国家的开支和浪费将会非常大。

助手无功而返之后，法拉第决定亲自出马，在见到首相之后，他没有急于介绍自己，也没有解释自己的发明如何运作，而是聪明地谈到了自身的价值，他认为自己的发明可以推动社会变革，改变人类的生活方式，而政府到时候可以推广这项发明以及相关产品，并且用它们创造更多的税收。一番表达之后，首相对法拉第产生了兴趣，邀请他到房间里详谈，并且爽快地同意提供一大笔研发资金。

法拉第之所以能够成功获得首相的信任，就在于他展示了自己的能力和价值，而一旦这些价值获得对方的认同，彼此之间的弱关系就可以更加轻易地建立起来。所以，我们在建立弱关系的时候，主要有两点需要注意：

第一，了解自己的定位和能力值，确保在一个合理的范围内寻求优质人脉。比如说，你可能是一个出色的投资人，但显然还不足以让马云心甘情愿地听从你的建议行事，因此，你要找的人必须适合你的能力水准和价值额度。

第二，努力学习，提升自我，在必要的时候给自己充电，让自己成为价值更高的人。当你拥有更大的能力资本时，你的价值展示无疑更容易打动人心。而事实上，这种高价值本身就具备强大的吸引力，会有更多的人主动与你建立连接，共同分享彼此之间的价值。

简单来说，当你成为一个对别人有用的人时，周围的弱关系才会进行无缝连接。

7.
运用网络思维来拓展弱关系

有个做知识付费的朋友,一开始创建了一个核心的社群,在这个社群中,他会与所有的社群成员搞好关系,然后利用每一个社群成员创建新的分支社群,这种分支在本这几年也一直继续往下扩散,直到一支几人的队伍拓展成为几千人、几万人的队伍。但问题在于,现在作为一个知识付费的总代理,他不知道自己该怎么控制所有分支社群中的成员。

依靠强制管理和接触的方式显然落后了,因为他的精力只能集中在核心圈子上,最多也是下一层,再往下就难以起到管理作用了,即便是长臂管辖也无济于事。他打电话问我该如何处理这件事情,因为他的时间已经被瓜分得差不多了,人又累得够呛,又在担心那些社群正在偏离自己。

了解朋友的基本情况后,我意识到这是一个典型的网络管理模式,而在这种网络中,一个有效的方法就是用网络思维来解决问题。想要弄清楚网络思维这个概念,我们可以先了解一下蜂群的运作方式。在一个蜂群中，所有的蜜蜂似乎都在围绕着蜂王转动，一开始科学家认为蜂王一定发送了某种暗号或者某一个指令来约束所有蜜蜂的行为，但实际上蜜蜂所有的行为都是有规律的，它们拥有密切的配合以及明确的分工，而且所有的蜜蜂都在以一种约定俗成的方式行动，似乎有一只无形的手在操控这些蜜蜂。

作家凯文·凯利在研究之后，认为这就是蜂群内部关系的一种体现，而这种运作方式在人类社会同样存在，如果人们想要像蜂王一样影响其他人的行动，那么就要懂得运用网络思维来把握人际关系。网络思维在很多时候，容易被忽略（很多人甚至认为这种思维并不存在），但它非常重要。

工业时代的工业思维追求的是对事物本身的挖掘，人们关注的是事情本身，网络思维关注的是事物之间的联系。比如，学校的收入=学生的数量×学费，工厂的营业收入=产品的销售量×产品单价，事物本身具有的价值特性和价值因素会成为衡量总价值的关键。而网络思维并不依据这种模式运行，互联网的很多软件本身并不生产产品，它看重的是用户与商家之间的某种联系。滴滴打车看重的是车辆拥有者和打车乘客之间的关系，淘宝不生产产品，它看重的是商家和顾客之间的关联性。

在弱关系体系中，人与人之间的那种连接不是依靠指令来实现的，不是依赖强关系来延伸相关的权力，"我建造了一个群，群体内的A、B、C、D、E都是我的下级,然后就要求这些直接控制的下级也以同样的方式控制他们建立的社群,而我是每一个层级的核心",这样的管理方式往往很低效,而且很容易被一些不稳定的因素干扰。网络思维在于找到彼此之间的关联性,比如蜜蜂和蝗虫的行为之所以能够保持同步以及保持一个完整的秩序,主要在于相邻个体之间建立起一些简单规则,这些规则会引导其他个体保持同步。在人际关系的管理中往往也是如此,如何引导那些粉丝和下线跟随自己的意愿行事呢?最简单的就是去中心化,不要试图成为弱关系群体中的领导者,不要总是试图用领导思想去影响其他人,而是将自己和他人当成协同作战的伙伴,没有人会是信息孤岛或者信息中心,大家同呼吸、共命运,大家一同享有控制权。人们运用某种无形的力量来影响相邻的人,而这种无形的影响力可以是一种文化,一种价值观。

在传统的商业模式中,人们习惯了发展下线,并对下线牢牢进行控制,你会告诉刚刚认识的人:"你要按照我的规则行事,按照我的理念去做即可,我会给每一个人下达指令。"所以,他们需要不断全国各地招聘职员,需要全国各地进行培训,并进行指令控制,这样的团体实际上都是以人数扩张为基础的,而人们通常都会贪婪地盲目扩张。当团队中有5个人时,你就控制5个人,有20个人的时候就控制20个人,有500人时,又试图以同样的方式控制500人,接下来你妄想控制1 000人。这样的队伍一定不好带,这样的弱关系一定会混乱。

聪明而又高效的人会选择给团队注入裂变基因，会给弱关系的扩张注入裂变基因，他们不再需要招聘和控制，只要展示自己的文化，那么自然会有同基因、同频道、同层次的人聚拢过来。

我认识不少做电电商的朋友，他们的弱关系非常强大，范围很广，人数基本上都在几万人的规模上，这比传统思维下的商业模式更加令人吃惊。有个朋友是最早一批微电商，他在那个时候就努力发展了7 000人的粉丝，而他确保这些粉丝和自己同频同调的方法很简单，就是写书，将自己的想法和做微电商的一些商业特性写下来，然后印成书刊卖给粉丝，这一招非常管用。大家都自愿加入社群，并且自愿接受他的思想和观点。

如果想要构建一个强大的弱关系网络，那么必须想办法摆脱以自我为中心的社交模式，需要让自己和周边人形成一种能量互动，大家可以在一种共鸣中建立连接，而不是非要围绕着某一个中心点转动。

社会学家凯文·凯利在《失控》一书中谈到了这样一个观点："自然界中的整体，往往是个体无意识中形成的涌现。一旦涌现形成，个体的特性就会消失，群体特征会取而代之。涌现的出现，不需要领导，不需要组织，完全在无意识中形成对自然的自适应。"在弱关系社交中，人们需要的就是形成一个涌现的氛围。

第六章

弱关系中容易
被误解的那些点

1.
弱关系中的甜蜜度也会很高

有一次,我和妻子去上海旅行。在高铁上,妻子很快就和身旁坐着的一位年轻妈妈热聊起来,在长达4个小时的旅程中,两人从生活聊到购物,从孩子聊到家庭教育,从工作聊到健康,就像多年前就认识的朋友一样,总是有聊不完的话题。我自忖妻子似乎有很多话也没对我说过,她平时也很少和我说那么多的话。

下车之后,对方先行离开了,我提醒妻子是否要问对方拿一个电话号码,或者互加微信什么的,没想到妻子白了我一眼:"你在说什么呀,怎么能够随便将手机号码给陌生人呢,我们只是聊了几个钟头而已,现在就彼此分享电话号码,似乎不太好吧!"

对于妻子的反应,我有些错愕,完全没弄清楚妻子的想法,联想到刚才在车上的那种状态,我都不知道妻子究竟是不是认错人了。在一个初次见面的人面前,妻子的表现有些令人诧异,不过从另外一个方面来说,弱关系带来的一个优势在于隐私性偏弱，在强关系中，我们对于隐私的控制欲其实更强一些。

而在值得信任的陌生人面前，我们可能会表现得更加坦诚，因为大家会觉得彼此都是陌路人，并不担心自己的个人形象会受到影响，不担心对方会将自己的心事传出去。社会学家发现了一个非常有趣的"飞机陌生人现象"，即人们在长途旅行中往往会和身边的陌生人进行交谈，而这种交谈很有可能会涉及一些私密的话题，甚至这些话题你从未对亲人或者好朋友公开过。社会学家认为，旅行者并不担心自己的信息会泄露给第三方，或者自己认识的人，在旅途中他们就像一个倾诉者一样，只需要说出自己的想法即可。飞机陌生人之间往往会展现出一定的甜度，彼此之间会有一定的依恋，甚至不舍得分离。

这种弱关系可能在旅途结束之后就会被终结，它的特点就在于整个相互接触、相互交流的过程非常流畅，让人丝毫没有生涩感和排斥感，就像一些知心老友之间的对话一样，但这种关系往往并没有获得更进一步的发展。当接触的环境发生变化或者说提供交流的场景消失之后，这段弱关系就会迅速消失。

回忆一下我们在旅程中遇到的那些人，在候车室或者车厢里攀谈的那些人，我们经常会表现得过分热情，这与弱关系的某些特点似乎是不相符的。弱关系的特点通常是疏离感比较重，亲密度比较低，但人与人之间的弱关系也可能会糖分十足，即便它们缺乏足够的持久度，但还是令人印象深刻，个人表现以及表达的欲望可能会超出想象。

还有一种情况就是一见钟情，或者是相见恨晚。两个初次见面的相亲者，可能会在短时间内就互生情愫，感觉良好，并且产生强烈的沟通意愿。这种接触实际上更多的被个人情感感受所操控，互不相识的两个人可能会迅速克服原有的社交障碍，直接表现出强烈的社交意愿。一些志趣相投的人可能也会在初次见面后，表现出超强的合作倾向。比如巴菲特和查理·芒格在第一次见面后就相互吸引，把弱关系当成比强关系还要密切的关系来培养；比尔·盖茨在遇到保罗·艾伦之后，也是义无反顾地将对方当成知心好友对待；马云在与蔡崇信见面后，两人只游了一次西湖，就确定了合作关系。在这些弱关系当中，双方都表现出了难以置信的成熟度。

在这种弱关系社交模式中，人与人之间的隔阂与排斥感有时候非常薄弱，只要获得相应的环境刺激，那么关系就会迅速升温。这是一种非常有趣的心理学现象，我们似乎并没有打算让理智来接管自己的判断力，其中有很大一部分都在感情用事。可以说，在弱关系的选择和判断上，我们并不是那么理性的，更多时候他们依赖直觉行事，而这个时候，弱关系的发展速度可能会不断增加。

无论是一见钟情还是飞机陌生人现象，本质上还是一个人需求的一次短暂爆发，你渴望找到一个伴侣来打发旅途的寂寞和无聊，那么就容易和身边人产生积极互动，因为对方可能也正这么想。你渴望找到一个心仪的恋爱对象或者合作伙伴，对方也这样想，那么当双方展示出某种优点时，就会快速产生吸引力。个人的需求越是迫切，就越是可能产生良性互动，而良好的环境也在一定程度上促进了"甜度"的上升。如果将弱关系当成一种冷淡的社会关系，显然是一种错误的认知，在很多时候，弱关系带来的交流效果比强关系更好，交流的氛围和效率也要更高。

但弱关系的根基非常脆弱，一旦需求消失了，双方可能也会迅速回归到正常的弱关系状态，除非双方能够进一步将其发展成为强关系。因此在很多甜度很高的弱关系当中，我们还是应该保持必要的谨慎，要对彼此之间的关系有一个清醒的认识，第一次见面和交谈可以表现出自己的热情，但是第二次、第三次交往，也许更应该考虑的是双方之间的关系究竟该何去何从，这份弱关系是否值得继续经营下去。

2. 弱关系和强关系的相互转化

有个朋友在十年前离开了公司，然后跳槽到了一家外企上班。这十年来，他基本上和原公司的所有人断绝了来往，我和他上一次交谈也是在8年以前了，后来也没有过任何交流，他就那样突然之间从我们的视线中消失了。在那之后，我们都更换了家庭住址和手机联系方式，彼此之都从对方的手机通讯录消失了。

2018年下半年的时候，他突然通过其他渠道和方式找到了当年几位同事的号码，然后打电话说让当年的老同事们在一起聚一聚，吃个饭。结果一共11个人的饭局，最终只去了6个人。在饭局上，大家再也找不到当年的默契了，说话都非常谨慎，一些毫无意义的玩笑，几句简单的嘘寒问暖，除此之外就是各类话题上的磕磕绊绊。席间，这个朋友谈到了当年的工作感情，谈到了自己准备创业的想法，可是应者寥寥无几，最后大家干脆都沉默了，而他也识趣地收起话题。

这一顿饭吃得没滋没味，大家很快就散了。事实上，他并没有意识到由于自己离开这座城市多年,且音讯全无,大家已经发展成了弱关系,而这种弱关系是强关系降级处理的结果,比一般的弱关系还要令人尴尬。

许多人或许会觉得强关系非常稳定,基本上处于一个恒定的状态,但随着个人的发展,随着社会环境和社交需求的变化,一些平时不注重好好经营人际关系的人,可能会面临着强关系遗失以及向弱关系转化的尴尬处境。这种转化通常和沟通频次下降有关,双方因为某种原因会失去之前的社交热情,从而为强关系的淡化和弱化埋下伏笔。

强关系弱化甚至变成弱关系的现象很常见,大学同学毕业之后就再也没有和你联系过了,同事离开公司之后和你变成了陌路人,你的邻居搬走之后再也没有任何音讯,甚至于前女友和你分手之后就再也没有见过面,原本的强关系在环境变化之后,已经与你断绝了联系,无论是在距离上、亲密度上、互动时间上、情感强度上、互惠行为上,双方都已经不具备强关系的条件了。

有时候,强关系也会因为双方过于深入的了解而慢慢失去约束力。比如一对男女在相亲时处于弱关系状态,当双方进一步接触之后发展成为恋人关系,就处于强关系状态,双方开始分享自己的生活和心事,几乎无话不谈。结婚之后,这种强关系会得到强化和巩固,双方之间的交流会更加深入。可是随着婚姻生活的展开，夫妻双方可能会有意地减少沟通，会隐藏自己的一些私密信息和私人生活空间。这个时候就可以看出来双方之间的关系正在发生微妙的变化，而这种变化就是社交渗透理论。该理论认为，人们之间的社交关系包含了从表层到亲密层，再到非常亲密层，之后又从非常亲密到亲密，再到表层的过程。一开始处于弱关系的两个人会因为接触不断增加，导致自我表露的增加，互惠性不断提升，而此时的关系就会越来越密切。当关系趋于稳定之后，彼此之间的互惠性会减少，一方可能会乐于分享更多的个人内容，而另一方并不一定会给予同样的回报。这种失衡局面比较正常，但是如果不及时进行有效控制和处理，人们之间的关系可能会出现变化，强关系会慢慢弱化。很多人在恋爱时期，感情最好，可是一旦进入婚姻，就容易出现冷淡淡局面，甚至以离婚收场。

这一理论展示了两个关键点：第一，强关系和弱关系之间本身就存在渗透关系，这种界限本身就不那么清晰；第二，强关系和弱关系是需要去维持、经营的，不注重维持的话，可能会发生转化。

强关系不注重经营就会变成弱关系，弱关系经过合理经营也会变成强关系。一般来说，人们可以将自己看重的人，对自己有很大帮助的人，慢慢发展成为朋友。华为创始人任正非和孙亚芳就是从弱关系开始发展成为亲密战友的；腾讯创始人马化腾和京东创始人刘强东是因为合作问题,从弱关系慢慢变成强关系的;我们生活中结识的那些同学和朋友,也是从弱关系开始慢慢强化成为强关系的。这种转化离不开经营,如果人们不注意经营社交关系,那么弱关系就很难更进一步。

就像你在火车上认识了一个老乡,你们两个人一起吃了一顿饭,那么下一次,你希望对方帮你找一份好工作,或者希望对方有机会介绍一个好的客户,这种可能性会不会高呢?为了让这层弱关系产生更大的价值和作用,你们之间需要进行更多的交流,需要建立更深的连接,平时可以多通一些电话,多聊一聊心事,当关系越来越密切的时候,你提出的那些请求才更有可能获得积极的回应。

社会关系不会无缘无故存在,也不会无缘无故消失,弱关系到强关系的发展过程往往是一个经营过程,只有懂得合理经营,弱关系才会不断得到强化,才能发展成为强关系。而强关系也需要进行维护,避免它转化成为弱关系。

3.
弱关系并不是万能的

我外甥是一个自尊心很强的人,大学毕业后上了几天班就辞职了,他打算弄一个网上水果超市,当然,和往常一样,他不希望和家里人或者朋友一起创业。我曾想过给他一点帮助和建议,但是他坦然拒绝了,对他而言,网络上的资源更加丰富,而且网络上那些志同道合的人或许是更加合适的伙伴。不久之后他在网络上发起了众筹,但是筹款很失败,只有不到十万元的资金,根本无法撑起他那个所谓的超级水果超市。

他后来加入一个创业社群中,阐述了自己的设想,但是应者寥寥,多数人都觉得这是一个冒险行动,资金筹措再一次失败。接二连三的失败让他有些沮丧,一直坚持弱关系至上原则的他没了脾气,于是将这件事在朋友圈分享之后,没想到亲戚、朋友和同学很快为他点赞,然后顺利筹集了45万元的创业资金。

这事似乎是违背我写这本书的初衷的,对于弱关系的看重,一直都是我多年来坚持的一点,并深信弱关系的价值非比寻常,但一个不可忽视的事实是弱关系并非是万能的，弱关系也不可能完全取代强关系。

从某个方面来说，弱关系的资源几乎无穷无尽，但它并不是万能的，弱关系有很多无法解决的问题，比如在一些大家都觉得有风险或者大家都不认同的行为模式中，强关系的可靠性要远远大于弱关系。在银行业务员最初拉存款的时候，他的家人、朋友和同学往往会是第一批支持者，他们会成为你最坚强的后盾，而那些弱关系呢，他们基本上会处于犹豫、怀疑甚至是排斥的状态。

需要注意的是，弱关系具有一定的信息优势，但是却不具备情感优势，一个人可以从弱关系这儿获得更多新鲜的信息，但是在情感方面，弱关系始终是脆弱的，如果不能赢得陌生人的信任，那么相应的弱关系就难以发挥作用。而在强关系中，情感维系可以掩盖很多问题，在人情的驱使下，你一样可以获得必要的支持。

有个年轻人辞掉了年薪200万元的工作，准备创办一个和健康有关的网站，结果引来了网友的一片嘲笑和唱衰的声音，大家都觉得他是不是疯了，要是自己有200万元年薪绝对不会辞职去冒险创业。在一大片质疑和打击声中，妻子始终站在他这边，并且妻子也辞掉了工作和他一起奋斗。这就是强关系下的社交优势，这种优势在于当你的行为无法获得足够的信任时，身边人反而更容易坚定支持的立场。

其实，弱关系之所以往往会忽略人们的意志，其引申的一个问题其实就是：你依靠什么来吸引他人，别人为什么而且凭什么要帮助你。在弱关系中，任何一种支持都不是没来由的，你需要展示的东西很多，你需要给出一个具体的价值点，否则没有外人会轻易为你投票。我们对于弱关系的认知不能仅仅停留在人脉的拓展上，作为一种辐射很广的社会关系，弱关系对于社交价值的需求更高。换句话说，如果你的点子无法说服人，你表现出来的价值不高，你无法证明出一个好的结果，那么弱关系并不会轻易接纳你的存在。

2014年，我在美国出差的时候，正好遇到了出租车司机大罢工，芝加哥的司机准备联合波士顿、休斯敦、底特律、孟菲斯等多地的出租车司机一起罢工，但是问题在于芝加哥的司机只考虑到了芝加哥范围内的利益诉求，至于其他地方的法律和环境都不一样，这些地方的司机很难确保自己能够得偿所愿，所以他们根本没有呼应这次罢工。这样的弱关系是脆弱的，而且根本没有发挥出应有的价值，其根本原因就在于人们总是把弱关系问题想得过于简单，而事实上，弱关系的信息传递和价值传达桥梁有时候并不那么容易构建。

从某种意义上来说，弱关系是强关系的一种补充和延展，但它无法取代强关系，两者是相辅相成的，任何人都不能想象没有朋友的日子会怎样，仅仅依靠那些弱关系，人们就可以实现很好的创业吗？就可以获得更多更多的信息吗？就能够联合更大的力量解决问题吗？比如，许多北漂一族的人在北京都觉得生活艰难，没有亲人和朋友，没有太多的背景，他们只能在陌生的城市里独自打拼，这种生活模式可能会将一个人逼进困境之中。

一个健康的、正常运转的社会关系体系必须是强弱关系共存的，两种关系各司其职。弱关系作为强关系的一种延伸，可以最大限度地发挥信息补充的作用，但是强关系的存在是我们融入这个社会的基础。一个人如果试图摆脱强关系，仅仅通过建立弱关系来赢得生存空间，往往会非常艰难，在强关系体系下，我们可以获得更多稳定的助力，而在弱关系中，一切可能需要付出更多的代价。

弱关系的一个硬伤就是社会关系的不稳定，无论是朋友的朋友，同学的同学，还是陌生人，他们带来的情感联结还是比较弱的。因此，将弱关系奉为万能关系显然不够明智，弱关系有着自己独特的优势，但它并不是万能的，也不能解决生活和工作中的所有问题，只有将强关系和弱关系合理经营，才能够发挥出社交的最大价值。

4.
弱关系是否真的只是一场交易？

有个出版社的朋友最近遇到了一点麻烦，他的小儿子准备申请去哈佛大学上学，可是却没有人提供推荐信，他希望有人可以帮忙解决这个问题，可是找遍了整个朋友圈，也没有人能够提供帮助。后来，他在多方打听之下，找到了一位年近六旬的教授，此人曾经获得哈佛大学颁发的荣誉博士学位。

朋友自然希望这个教授可以帮忙写一封推荐信，两个人很快在一家西餐厅见了面，对方表示自己非常乐意帮忙，不过作为回报，他委婉提议朋友能够借助出版公司的影响力，专门出书为自己进行宣传。

之后，朋友感到有些为难，虽然他是一家出版社的总编，在出书方面拥有很大的权力，但是无缘无故就为一个人写书宣传，他还是觉得有些不妥。朋友私底下向我抱怨，觉得这个教授有些爱慕虚荣，他一直为自己是否应该维持这段弱关系而纠结，尽管我们后来得知老教授之所以想要出书，就是为了提升自己的影响力，以便为他创立的教育咨询机构打广告，但是这样的要求始终让朋友感到不舒服。

这似乎是一个比较现实的案例，所谓的现实就是指双方实实在在地进行一场利益需求的交易，尽管相互满足在弱关系的连接中非常重要，但是像这个案例中如此明目张胆地提出利益交换的要求，还是有些让人感到惊讶的。有关相互满足或者交易的说法，交易是一种比较现实的说法，而且这样的现实说法往往有很大的市场，也有存在的依据，因为弱关系连接本身就非常看重信息传递，而有价值的信息可能会成为他人进行利益谈判和利益交换的条件，这一点也无可厚非。

在现实生活中，强关系通常可以依赖人情进行维持，相互帮忙的现象比较普遍，而且大家通常不会计较太多，但是在弱关系中，人与人之间的信任度是比较低的，很多求人办事的社交模式或多或少都会涉及交易问题。想要让一个陌生人帮忙解决某个困难，可能需要请客送礼，可能需要想办法帮对方先解决某个难题，或者直接支付对方一些劳务费。

我见过很多房产信息的分析者，经常会在微信群里宣传自己的能力，他们会对某市各地区、各楼盘的相关信息以及未来发展前景进行分析，然后在网络上公然出售这些信息。他们扬言如果信息不准确的话，就可以无条件退还所有的钱，一些人甚至推出了先体验后付费的模式,这样一来付费者就不会担心自己的信息买卖亏本了。

这是一种比较典型的信息买卖或者说信息投资,它的本质就是弱关系连接过程中存在的一些交易现象。在这里,买房者和分析者的弱关系连接就属于一种交易行为,买房者获得了自己期待的信息,而分析者依靠这些信息盈利,双方之间的关系可能会因为这次交易而变得更为紧密一些。

正因为人与人之间的交往经常会涉及利益和需求,以至于人们会习惯性地认定弱关系的连接和经营只是一场交易,只有交易双方给出的筹码适合,才能够愉快地建立起某种高效连接。但是,这样的认知显然不够准确,因为弱关系的连接根本不需要依赖什么交情和交易,弱关系的连接往往很随意、很自由,很多时候,没有人会在乎你是谁,你有什么背景和地位,他们一样愿意和你进行交流。你在知乎上可以提出疑问,然后从其他人那儿获得更加丰富的答案;你可以在咖啡厅里从其他顾客那儿听到一些有价值的投资信息,以确保自己不会盲目投资;你可以在飞机或者火车上认识一位家装设计师,而你正准备装修自己的新房。

从某种意义上来说,你的很多重要信息都是意外获得的,突如其来的弱关系以及弱关系连接将会为你带来更多解决问题的方法，你甚至没有必要去刻意打听什么，或者刻意从别人那儿学到什么知识。相比于强关系之间的接触，弱关系有时候更加随意，更加纯粹，你可以和一个路人讨论孩子上学的问题，而不用担心对方在提供建议时收取费用；你也不用担心在朋友的聚会上，和朋友的同学闲聊投资时，对方会暗示你必须给一点好处。弱关系的连接和经营并没有完全涉及利益互换，有些人可能会处于同情心与人交往，有些人出于好奇心，有的人则习惯性地想要帮助别人，还有一些人喜欢认识更多不同的人，个人的喜好也会决定他们在弱关系连接中的表现，这些都不是利益交换。

我认识一些出色的心理学家，他们每一年都会自发地组成一个心理咨询联盟，免费为那些患有心理疾病的年轻人提供帮助。从北京到上海，再到云南和贵州，他们每年都会专门抽出一个月的时间去全国各地接诊，而且他们几乎都是分文不取，在与患者以及其他陌生人产生连接的时候，他们都是自发和自愿为他人服务的。

还有就是一些生活体验者，他们大都是纯粹的人，为了体验生活，体验不同的风俗文化，他们会走访不同的地方，会与不同的人打交道，会建立不同类型的弱关系连接，他们与陌生人高谈阔论，分享生活心得和文化体验，而这些都是不掺杂利益交换的。

总的来说，影响社交的因素有很多，而利益交换只是其中的一个选项，除此之外，我们有很多理由去拓展自己的弱关系，对此我们不能片面地将其归纳在利益的范畴之内。

5.
弱关系只是认识一些和自己不一样的人吗？

有一次，我受邀去一个小微企业联合活动现场发表演讲。在演说中，我谈到了比尔·盖茨、贝佐斯等人在最初创业时，参加的一些社交活动，以及他们对弱关系的一些看法。在演说结束之后，我让台下听课的企业家们写一份总结，无论写点什么都可以。

有个老乡当时非常高兴地给我写了一个总结，上面罗列出了两点：第一，那些企业家在成功之前都有效利用了强关系资源；第二，他们在弱关系连接社交活动中，主要的社交方向就是结识和自己不同行业的人。

对于这样的答案，我有些错愕，老实说，我并没有意识到自己的演说中提到的那些人名是否和盖茨是不同行业的人，我没有去刻意把握和分析这个点，但这个老乡却指了出来，而且让我几乎哑口无言。尽管有关这些超级企业家的社交情况并非如此，但我突然想到了一个问题，那就是人们在谈到弱关系的时候，可能都会不由自主地想到将自己的社交关系延展并固定在"不同行业""不同类型"这些关键词汇上。

在弱关系连接之中，认识更多与自己不同类型的人，的确是一个非常重要的方向，不同类型、不同结构的圈子的确能够带来更多新鲜的东西，但这并不意味着弱关系就是要寻找和自己不同的人。弱关系的本质只是走出自己习惯了的那个社交圈子和生活圈子，而并不是要求人们去认识和自己完全不一样的人，从信息整合的角度来说，不类型、不同职业、不同环境、不同知识结构的人，往往更容易形成知识和信息的互补，但问题在于并不是每个人都具备这种信息整合能力，多数情况下，人们仍旧喜欢和同一职业、同一类型，或者拥有相同知识结构的人待在一起，他们渴望获得的是些本行业内更加高端的信息，以及一些被自己忽视掉的信息。

同样是开酒店的，你可以问一问那些涉足互联网营销的人，他们是如何依靠一些社交软件和互联网的平台进行广告营销的，怎样吸引他们的顾客在网上订餐，在家里就能吃到大厨做的佳肴。这就是不同行业内互相学习的一个契机，你需要掌握更好的营销技术。同样地，你也可以向很多成功者学习更多的管理经验和做菜的经验。在这里，弱关系的拓展实际上指向的是同一类型的人，只不过大家并不在一个社交圈里。

弱关系的范畴非常广，实际上也并没有一个特别的规定，我们可以选择和不同职业、不同行业的人打交道，进行全方位的信息整合，也可以选择和同一行业中的人进行接触和连接。在强弱关系的对比中，社会学家发现结构因素胜过动机因素，具有疏离效果的弱关系无疑为我们获得机遇以及融入新社区提供了必要的条件。简单来说，就是两个人越是生疏，越是没有什么社会联系，就越有可能产生火花，但这种生疏并不代表就是跨行业或者完全不同类型的人。

相反地，为了确保弱关系连接更加顺畅，为了确保自己的信息沟通卓有成效，多数人会选择和自己拥有相似经历或者相同职业的人，一般的商人很少会去结交哲学家，很少会和医生打交道，一个律师也不太可能去结交一个模具设计师。同样，一个性格内向的人也不太喜欢和那些大大咧咧的人交往。当我们想要选择一个和自己不同的人时，真正担心的问题是双方之间存不存在共同语言。

相同或者相似的人往往更有吸引力，这对于弱关系的连接和拓展有很大帮助。反过来说，如果我们一味寻求和自己不一样的人，可能会丧失很多优质人脉，因为建立连接的机会可能会小很多。我们平时在火车或者飞机上认识的人，我们在餐厅或者其他活动中心遇到的人，大都和自己有一些相似之处，除了好奇之外，我们似乎很少会刻意选择一个完全不同世界的人进行交流，尽管弱关系带着一点随机性。我们不妨想一下，和自己接触的那些人并不完全与自己不同，你在车上认识了一个教师，你们的职业可能不同，但是也许你们都是性格直爽且爱好体育的人，或者你们都对投资非常感兴趣，你们在某些事情上的思维模式可能都是一致的。真正漫无目的地进行社交的人，可能也不会刻意追求"与众不同"。

移动互联网时代，我们可以通过一些社交软件实现弱关系的轻松连接，这种连接带有一些随机性和随意性。我们似乎并不反感和任何网友进行联络，而这种随意性本质上可能会使得我们认识各种各样和自己不同的人的概率增加，但这种人脉的扩散并没有一个明确的划分，无论是和自己相似或者相同的人，还是选择一些与众不同的人，都没有必要也不应该去刻意把握。

高质量的弱关系主要在于高价值信息的获得，只要我们能够从其他人那儿获得有价值的信息，那么这样的弱关系就值得提倡和追求，至于是不是一定要和自己完全区别开来，其实无关紧要。

后记　你与陌生群体的相互作用有多大？

有一次，我去参加一个对公众开放的研讨会，会场上大约挤下了200多人，有些是附近学校的大学生，有的是个体户，还有一些是学者，大家都挤在并不宽敞的房间里，互不认识，百无聊赖。

就在昏昏欲睡的时候，台下有人突然站起来对演说者的一些观点进行了反驳，我发现大家此时很明显地变得精神起来，一些人在台下窃窃私语。如果以纯粹的学术角度来看，这个反驳者的很多理由是牵强的，但是谁在乎呢？我甚至觉得他站起来反对就是正确的表达方式——"为了表达而反对"。

这样的反对有时候不需要太多的理由和理性，仅仅只是为了对这种死气沉沉的气氛来一次打击，我觉得心中有种满足感，有种亲近感，这听上去有些疯狂。但在现场我意识到不止我一个人有这样的想法，谁在乎谁对谁错？人们要的就是表达和反对的权利。在过去我并不喜欢公开表达，我甚至有些害羞，但在弱关系的引导下，我甚至觉得自己有必要为这个反驳者鼓掌。会场散去之后，我仍旧沉浸在那种共情下的兴奋情绪当中，并且在之后的表决中为这个反驳者投了一票。同时，对那些保持沉默的人产生了反感和对立情绪，而事实上，在这之前我和他们是一类人，拥有同样的立场和模式。

第二天，所有的反对者站在一起，同那些持有正面立场的人进行辩论，而我原本是支持这样的研讨话题的，却意外地成了反对者，我还在事后加入了反对者的聚餐。从某个方面来说，我被一种莫名其妙的力量绑架了，以至于我也搞不清楚自己在做什么。

把这样的事情放到整个群体之中，就会形成所谓的群体思维，很多群体性的这种行动都带有群体思维的印记，很多时候人们处于一种被牵着走的状态，他们甚至对自己要做的事情不清楚，也不感兴趣，却常常会在共情的影响下走向群体行动。

在熟人以及强关系朋友圈中，尽管很多时候人们拥有更多相似的性格、相似的背景和能力水平，但是彼此之间的影响可能都是按照既定规则进行。而在弱关系中，人们对于外界的影响以及所受到的外界影响很容易被忽略掉，实际上这种相互作用不可小觑。在信息高度发达的今天，我们突然就会意识到身边那些转发的信息，那些舆论的导向或多或少都在影响我们对于事物的判断，也许我们并不关心事情的原本面貌是什么样子的。

个人对于外界信息的接收，通常都会受到弱关系自带的那种群体思维的影响，个人容易和相应的群体发生共情，而这种共情又使得人们会在信息传递的过程中，以同样的方式去影响其他人。在这一方面，弱关系比强关系的影响力要更强。

比如，我的身边经常会出现一些真实案例，一些同学或者朋友经常会谈到他们的亲人的病情，会在微信上发起筹款，或者分享这些患者的故事。听起来往往很感人，但这些故事并不会完完全全感动到你，因为距离太近了，它们和身边所发生的其他事情并没有本质上的不同，只是一个令人悲伤和遗憾的故事。你会安慰对方，会认真地倾听，但你可能不会因此而感到难过，可能也不会转发这些故事和信息。

如果这类信息来源于陌生人或者弱关系呢，情况就会变得有所不同。通常情况下，我们会认为强关系下转发的信息和故事更容易让人印象深刻。有一天你在网页上看到一则非常伤感的故事：一个五岁的小女孩因为意外伤害而准备接受截肢手术。相信多数人很快就会被这个故事打动，尽管大家根本不认识这个小女孩，但可能会为这个小女孩祈祷，想要捐款，并且转发信息给更多的人看到。

在这种情况下，一个人转发这条信息的概率非常大，那么究竟有多大呢？一些社会学家对此进行了分析，他们发现人们习惯在Facebook或者微信上分享一些网页链接，这些链接一部分来源于他人转发的，一部分来源于自己在网络上的发现。而在所有转发的信息中，出人意料的是，网友对于自己发现的链接转发的次数更少，转发他人转的信息的意愿更加强烈。其中，对于朋友转发给自己的信息，他们转发后放大的效应为6，即转发朋友信息的概率是转发自己所发现信息的6倍。对于弱关系转发给自己的信息，他们转发后放大的效应为9，即转发弱关系信息的概率是转发自己所发现信息的9倍。从这一数据对比中就会发现，人们更习惯于转发那些弱关系转发过来的信息。

从某种意义上来说，个人在生活中其实很容易受到弱关系的影响，尤其是面对一个群体的时候，个人会被群体思维所干扰，同样也渴望去吸引更多的关注，希望借助自己的力量去影响更多的人。总的来说，个人与其他弱关系人可能更容易产生一些意想不到的思想和感情上的共鸣。